잔소리탈출연구소 ❶ 집중력 도둑을 잡아라

초판 1쇄 발행 2025년 6월 15일

지은이 윤선아 그린이 원혜진
발행인 김형보
편집 최윤경, 강태영, 임재희, 홍민기, 강민영, 송현주, 박지연, 김아영
마케팅 이연실, 송신아, 김보미, 김민경 **디자인** 송은비 **경영지원** 최윤영, 유현

발행처 어크로스출판그룹(주)
출판신고 2018년 12월 20일 제 2018-000339호
주소 서울시 마포구 동교로 109-6
전화 070-5080-4160(편집) 070-8724-5194(영업) **팩스** 02-6085-7676
이메일 across@acrossbook.com **홈페이지** www.acrossbook.com

ⓒ 윤선아, 원혜진, 쓰튜디오 2025

ISBN 979-11-6774-213-1 (73810)

· 잘못된 책은 구입처에서 교환해 드립니다.
· 이 책은 저작권법에 따라 보호를 받는 저작물이므로 무단 전재와 무단 복제를 금지하며,
  이 책의 전부 또는 일부를 이용하려면 반드시 저작권자와 어크로스출판그룹(주)의 서면 동의를 받아야 합니다.

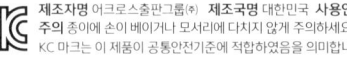 **제조자명** 어크로스출판그룹㈜ **제조국명** 대한민국 **사용연령** 8세 이상 **제조연월** 2025년 6월
주의 종이에 손이 베이거나 모서리에 다치지 않게 주의하세요.
KC 마크는 이 제품이 공통안전기준에 적합하였음을 의미합니다.

만든 사람들
기획 및 편집 쓰튜디오 디자인 박진희

* 어크로스주니어는 어크로스출판그룹(주)의 어린이책 브랜드입니다.

잔소리 탈출 연구소

①

윤선아 글 * 원혜진 그림

집중력 도둑을 잡아라

어크로스
주니어

"나도 집중하고 싶은데
잘 안 돼!
내가 왜 이러는지
모르겠어!"

 혁혁! 나는 콩이와 잔소리 폭탄을 피해 집 밖으로 나와 전속력으로 달렸다. 엄마가 따라오나 돌아보다가 꽈당! 이마를 부딪쳤다. "아얏!" 이마를 문지르며 고개를 들어 보니, 커다란 아름드리나무가 하늘로 쭉 뻗어 있었다.
 "잔소리탈출연구소? 뭐 하는 데지?"
 나무문을 열고 안으로 들어갔다.

추천사
아이들의 일상에서 집중력 도둑을 잡아라!

    뇌과학자로서 저는 종종 묻습니다. "아이들이 집중을 못하는 게 뇌에 문제가 있어서일까, 아니면 너무 많은 자극 속에 살아가기 때문일까?" 우리는 흔히 '산만한 아이'라고 쉽게 단정 짓지만, 뇌과학의 관점에서 보면 아이들의 집중력은 환경과 경험, 식습관이나 수면 등 다양한 것으로부터 영향을 받습니다. 이 책 『잔소리탈출연구소』는 그런 질문에 놀랍도록 정확하게 답을 하고 있습니다. 수면 부족, 가공식품, 멀티태스킹, 스트레스, 스마트폰 알고리즘 등 아이의 뇌를 혼란스럽게 만드는 다섯 도둑을 하나하나 밝히며, 그들을 내 일상에서 몰아내는, 과학적으로 검증된 해법을 따뜻하게 풀어냅니다.

    한 아이의 아빠로서 책을 읽으며 마음이 뭉클했습니다. 스마트폰을 내려놓지 않는 아이에게 화를 내면서도 "나도 사실 그게 뭔지 잘 몰라서 그래."라고 솔직하게 말하지 못한 날들이 떠올랐습니다. 이 책은 '아이들이 왜 집중하지 못하는지'를 다그치지 않고, 함께 찾아보자고 손을 내밉니다. 그리고 말합니다. "어른인 나도 잘 안 돼. 너도 괜찮아. 함께 해결해 보자." 이렇게 아이의 마음을 어루만져 주는 책이 얼마나 귀하고 소중한지요!

어린이책을 쓰는 작가의 입장에서 볼 때, 이 책은 구조와 리듬, 장치 면에서도 무척 훌륭한 작품입니다. 주인공 완두는 실수도 많고 엉뚱하지만, 한 걸음씩 성장하는 과정을 통해 어린이 독자들에게 강한 공감을 일으킵니다. 비밀 요원인 부엉이 포포와 비밀 도구들은 이야기의 재미를 놓치지 않으면서도, 과학적 근거를 담아낸 영리한 장치입니다. 또한 아이들이 자연스럽게 따르게 될 '좋은 습관'들이 이야기 속에 자연스럽게 녹아 있습니다.

부모님들께 말씀드리고 싶습니다. 이 책은 아이에게 들이밀며 "좀 읽어 봐!"라고 말하는 대신 아이와 나란히 앉아 함께 웃으며 "네게도 집중력 도둑이 있었구나!" 하고 이야기를 나눌 수 있는 책이라고요.

아이들에게도 말해 주고 싶습니다. "너 혼자만 그런 게 아니야. 집중이 잘 안 되는 이유는 너 때문이 아니라, 세상에 도둑들이 숨어 있어서 그래. 이 책을 읽으면 너만의 방법으로 도둑들을 찾아낼 수 있어."

『잔소리탈출연구소』는 잔소리를 줄이고, 대화를 늘려 주는 책으로 아이에게 그리고 부모에게 동시에 꼭 필요한 책입니다.

정재승 (KAIST 뇌인지과학과 교수, 『정재승의 인간탐구보고서』 저자)

차례

프롤로그 왜 그렇게 집중을 못해? — 4

추천사 아이들의 일상에서 집중력 도둑을 잡아라! — 8

1 집중력이 뭐야? — 14
　포포의 집중력 연구실 1 집중력이란?

2 집중력을 도둑맞았다고? — 24
　포포의 집중력 연구실 2 집중력을 도둑맞았어!

3 베개 밑에 숨은 첫 번째 도둑 — 34
　포포의 집중력 연구실 3 진짜진짜 중요한 잠

4 달콤함 뒤에 숨은 두 번째 도둑 — 52
　포포의 집중력 연구실 4 먹는 것도 상관이 있어!

5 빠르다는 착각, 세 번째 도둑 — 66
　포포의 집중력 연구실 5 한 번에 한 가지만!

6 마음을 병들게 하는 네 번째 도둑 — 84
　포포의 집중력 연구실 6 스트레스 때문이야

7 '좋아요' 뒤에 숨은 다섯 번째 도둑 — 102
　포포의 집중력 연구실 7 알고리즘의 함정

8 도둑 중의 도둑 — 126
　포포의 집중력 연구실 8 스마트폰 사용,
　스스로 조절할 수 있을까?

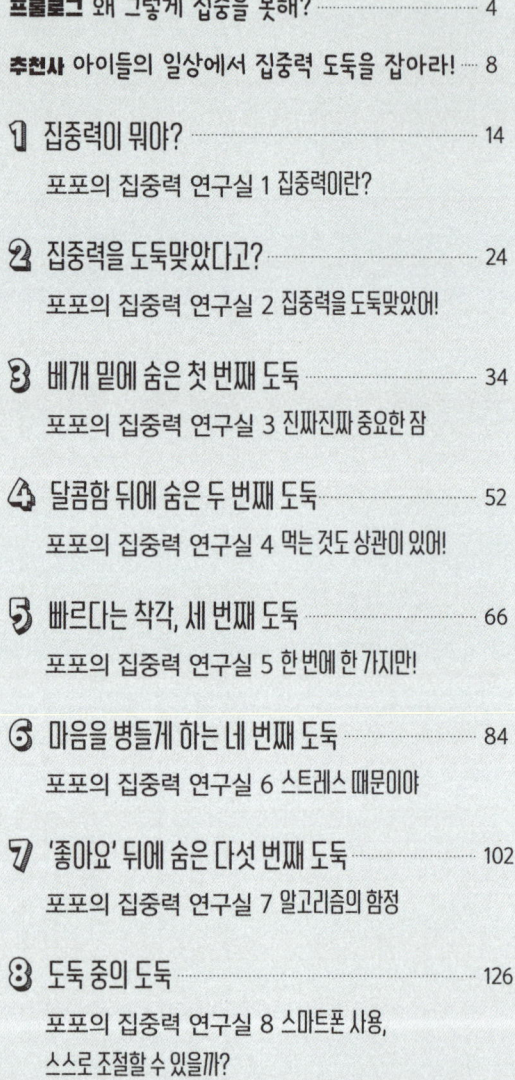

★ 잔소리 탈출 비법 ················· 135

1. 꿀잠 비법
2. 스마트폰 휴가 보내기
3. 나만의 쉬는 시간 만들기
4. 건강하게 밥 먹기
5. 스트레스 날려 버리기
6. 목표 정하기
7. 집중력 훈련 놀이

에필로그 스마트폰 없이 보내는 주말 ········· 150
작가의 말 집중력이라는 힘을 키워 가는
　　　　　 멋진 친구들에게 ············· 152

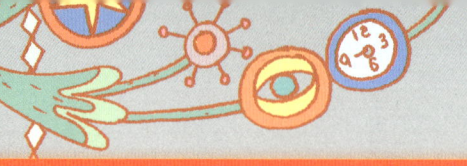

잔소리탈출연구소 ❶ 등장인물

공완두

한자리에 있지 못하고 늘 두두두두 뛰어다니는 4학년 남자아이. 좋아하는 인물은 호날두, 좋아하는 음식은 각종 만두, 좋아하는 과일은 자두, 좋아하는 열매는 호두. 동글동글 생긴 데다 데굴데굴 굴러다닌다고 완두콩이라는 별명이 붙었다. 3학년 때 받아쓰기 시험에서 0점을 받은 뒤 빵완두라는 별명도 생겼다.

공완두의 집

아빠 공지욱 웹툰 작가. 방에 틀어박혀 그림만 그린다. 가끔 물 마시러 밖으로 나왔다 분위기가 안 좋으면 슬그머니 방으로 들어간다.

엄마 심인애 이름에 참을 인(忍) 자가 있지만, 화를 잘 못 참는다. 화를 식히려고 늘 손풍기를 들고 다닌다.

동생 공아리 별명은 병아리로, 귀엽고 사랑스럽다. 오빠가 하는 건 다 따라 한다.

반려견 콩이 완두와 매일 산책을 한다. 머리가 좋고 집중력이 뛰어나 가족의 변화를 잘 알아챈다.

공완두의 학교

차분희 공완두네 반 담임 선생님. 집중력이 떨어진 아이들 때문에 걱정이 많다.

최리 어주선의 짝. 모둠 활동에 적극적이고, 활발해서 누구와도 잘 지낸다. 콩이에게 관심이 많다.

어주선 공완두의 친구. 착하지만, 모든 면에서 어수선하다. 스마트폰을 빼앗기는 걸 무엇보다 두려워한다.

박지아 완두의 짝. 별명은 박아지. 엄청나게 야무져 보이지만, 잘난 언니 때문에 스트레스가 심하다.

연구소 비밀 요원 포포
잔소리탈출연구소에서 '집중력'을 연구해 온 비밀 요원. 숲에서 자라는 각종 재료를 조합해 놀라운 능력을 가진 물건을 발명한다. 자신의 발명품과 도장 디자인에 자부심이 크다.

1 집중력이 뭐야?

끼익, 잔소리탈출연구소 문을 살짝 열고 밖을 내다보니 엄마가 저기 멀리서 두리번거리고 있었다.

"엄만 운동 부족이야."

난 달리기를 잘한다. 엄마 심인애 여사보다 훨씬 빠르다! 잔소리를 피해 요리조리 도망치다 보니 실력이 늘었다. 엄마는 달아난 나를 잡지 못해 안타까워했다.

"공완두, 이누무 자슥! 데굴데굴 또 어디로 튄 거야?"

그렇다. 내 이름은 공완두! 별명은 완두콩이다. 작년부터 빵완두라는 별명이 하나 더 생겼다. 휴, 빵점 맞은 시험지를 왜 어주선한테 보여 줬을까? 빨리 책가방에 구겨 넣을걸.
 엄마가 돌아가는 것을 확인하고 연구소 문을 꼭 닫았다. 그러자 인생네컷 기계의 모니터처럼 생긴 화면이 번쩍 켜졌다. 화면에 글씨가 타닥타닥 찍히면서 코맹맹이 소리가 흘러나왔다.
 '이게 뭐지?'

'500년이나 연구를 했다고? 혹시 새로 나온 게임인가?'

◉ 지금부터 질문에 큰 소리로 답해 주시기 바랍니다.
당신의 이름은 무엇입니까?
"공완두!"

◉ 잔소리탈출연구소의 문을 열고 들어온 까닭이 무엇입니까?
"엄마가 잔소리 폭탄을 날리면서 쫓아와서요!"

◉ 엄마는 왜 잔소리 폭탄을 날렸을까요?
"우리 엄마는 내가 집중을 못해서 속이 터진대요. 다른 사람들도 그렇게 얘기를 하고요."

◉ 완두 어린이는 집중력이 부족한가요?
"잘 모르겠어요. 도대체 집중력이 뭐예요? 그게 뭐길래 있느니 없느니 하는지 모르겠어요."

◉ 그럼 거기 있는 나무 의자에 앉으십시오.

내가 콩이를 안고 나무 의자에 앉자마자 의자가 부르르 떨리기 시작했다.

'이게 무슨 일이지?'

나무 의자가 커다란 나무 위로 쭉쭉 올라갔다.

'어디까지 올라가는 거지? 놀이기구 타는 기분인걸!'

쿵.

의자가 삐그덕거리며 멈췄다. 나는 콩이를 안고 일어섰다.

끼이익.

안에서 누군가 문을 열고 나왔다. 얼핏 보면 부엉이처럼 생긴 신비로운 인물이 동그란 눈으로 나를 바라보았다.

"누, 누구세요?"

"반갑습니다. 잔소리탈출연구소 소속 비밀 요원 포포입니다."

포포는 악수하자는 듯 날개를 내밀었다.

콩이가 포포를 보고 컹컹 짖었다. 포포가 고개를 숙여 콩이 눈을 바라보자 콩이가 짖는 것을 멈추고 얌전히 엉덩이를 붙이고 앉았다.

"콩이가 웬일이지? 낯선 사람한테는 사나운데."

포포가 다시 콩이 눈을 빤히 보더니 주머니에서 뭔가를 꺼내 내밀었다. 콩이는 포포가 건넨 간식을 받아먹고는 포포의 발을 핥았다.

"후후, 콩이의 식성이 나와 비슷하군요."

내가 어리둥절해하는 동안 부엉이 요원 포포는 내 눈을 열심히 들여다보았다.

"집중력이 뭔지 궁금한가요?"

포포와 눈이 마주치자 나는 포포의 이야기 속으로 금세 빨려 들어갔다.

포포의 집중력 연구실 1
집중력이란?

"집중력이란 한 가지 일에
모든 마음이나 주의를
쏟아부을 수 있는 힘입니다."

흠! 방금 완두 어린이는
'딱 한 가지에만 힘을 쏟아붓는다니,
집중력이라는 건 좀
따분하군.'이라고 생각했군요.

큼큼, 아니거든요.

"집중력에는 세 가지 종류가 있습니다.
첫 번째 집중력은 지금 이 조명 같은

스포트라이트 집중력!

좁은 공간을 밝게 비추는
스포트라이트 조명처럼
이 집중력은 **이렇게 딱 한 가지에
생각의 빛**을 비춥니다.
이런 종류의 집중력은
우리 바로 앞에 놓인
과제를 향해
나아가게 합니다."

'냉장고에서 우유를 꺼내 먹어야지.'
또는 '킥보드를 타고 동네를 한 바퀴
돌아야지.' 같은 생각을 실행하려는 순간
스마트폰 알람이 오면 스포트라이트
집중력은 쉽게 꺼집니다.
그러면 자기가 왜 냉장고 앞에
서 있는지, 킥보드를 타고 뭘 하려 했는지
잊어버리게 되죠.

어, 저를 따라다닌 건가요?
딱 저예요, 저!

"두 번째 집중력은 저 밤하늘에 빛나는 별빛 같은

스타라이트 집중력!

우리가 어떤 일을 할 때 멀리서
밝게 비추어 높은 목표를 향해
나아가게 해 주는 집중력입니다."

사슴벌레 애벌레를 키우는 한 친구가 있어요.
이 친구는 애벌레를 어른 사슴벌레로 키우려고 자주 톱밥을 갈아 주고,
먹이를 줍니다. 조금씩 변하는 애벌레의 사진을 매일 찍고,
공책에 기록합니다. 이렇게 할 수 있는 건 바로 별빛처럼 멀리서
오래 비추는 집중력 덕분이죠.

"세 번째 집중력은 바로 이 햇빛 같은

데이라이트 집중력!

햇빛처럼 우리 두뇌와 행동을 골고루 따스하게 비춰 주는 집중력입니다."

우리의 생각도 햇빛처럼 나 자신과 일상생활을 가려진 곳 없이 골고루 비춰 보는 게 필요해요. 햇빛 같은 집중력은 나는 누구인지, 어떤 사람이 되고 싶은지, 무엇을 하고 싶은지, 어떻게 살고 싶은지처럼 깊고 넓은 생각을 할 수 있게 도와줍니다.

힝, 저한테는 저런 집중력이 하나도 없어요.

2 집중력을 도둑맞았다고?

푸드덕푸드덕, 포포가 내 앞에 날아와 앉았다.

"지금부터 완두의 고민에 대해 이야기를 나눠 볼까요?"

'하, 어디부터 말을 해야 하나?'

나는 다시 나무 의자에 앉은 뒤 콩이를 무릎에 앉혔다.

"전 하고 싶은 것도 먹고 싶은 것도 많아요. 스마트폰으로 그런 걸 찾아보느라 좀 바빠요. 그래서 깜빡하거나 빠뜨리는 게 많아요."

"좋습니다. 완두의 일상을 한번 살펴봅시다. 포포 스크린,

영상을 띄워 줘!"

슈우웅, 커다란 스크린이 내려오더니 영상이 시작되었다. 영상 속에 나랑 엄마가 짠 하고 나타났다.

—

"오늘 학교 숙제는 없어?"

그날도 엄마는 회사에 오후 휴가를 내고 학교에 면담을 다녀왔다. 우리 반 담임인 차분희 선생님은 내가 사고를 치면 꼭 엄마를 학교에 부른다. 그런 날이면 엄마는 한숨과 잔소리를 더 많이 쏟아 놓는다.

오늘도 길게 한숨을 내쉬던 엄마가 시계를 보고 말했다.

"학원 숙제는 했어? 숙제 안 하면 학원 왔다 갔다 하는 거 아무 소용 없어. 알지?"

나는 벗어 놓은 양말을 들고 일어났다.

"알아! 이제 할게."

내 방으로 들어와 양말은 바닥에 던져 놓고 침대에 벌러덩 누웠다. 잠깐 손가락으로 스마트폰을 슥슥 넘겨 보고 있는데, 똑똑 노크 소리가 나더니 방문이 열렸다.

"양말, 빨래 통에 갖다 놔. 그리고 숙제는 언제 할 거야?"

엄마의 잔소리 1단계는 질문이다. "숙제는 시작했어?", "영어 단어는 언제 외울 거니?" 목소리는 나긋하고 부드럽지만, 잘 들어 보면 화가 느껴진다.

"이제 하려고요."

대충 대답하고 다시 누웠다. 얼른 게임 한 판 하고 숙제를 하려고 했다. 하다 보니 시간이 좀 길어졌다.

방문이 벌컥 열렸다.

보통 잔소리 2단계는 짧게 명령하는 문장이다. "바로 해!", "빨리 해!", "30분 내로 해!" 같은 말로, 짧지만 강력한 화가 실려 있다. 하지만 선생님과의 면담으로 화가 빨리 오른 엄마는 순식간에 3단계로 넘어갔다. 엄청나게 화난 염소 같은 표정이었다.

"당장 숙제합니다. 실시!"

엄마의 잔소리 3단계는 '합니다'나 아주 짧은 낱말로 끝난다. 낮은 목소리로 "지금 당장 합니다!", "숙제 실시!" 같은 말을 하면서 윗니로 아랫입술을 꽉 깨문다.

"스마트폰은 반납합니다."

엄마가 내 손에서 스마트폰을 빼앗듯 들고 가서는 책장 꼭대기에 올려놓았다.

"숙제 다 하기 전에 손만 대 봐!"

"너무해!"

엄마는 손가락으로 책상을 가리켰다. 나는 아무 말도 못 하고 책상에 앉아 알림장을 펼쳤다. 글자가 하나도 눈에 들어오지 않았다.

나는 수학 문제집을 펴 놓고 책상에 잠깐 앉아 있다가 부엌으로 가 과자를 한 봉지 집어 들고 방으로 왔다. 과자 봉지를 뜯어 책상 위에 놓고 아작아작 씹어 먹었다.

과자 한 봉을 뚝딱 먹어 치우고 다시 문제집을 내려다봤지만, 하나도 눈에 들어오지 않았다. 갑자기 벌레가 기어다니는 듯 몸이 근질근질했다.

"시원한 거 뭐 없나?"

냉장고 문을 열고 탄산음료를 꺼내 꿀꺽꿀꺽 마셨다.

"왜 돌아다닙니까?"

심상치 않은 낌새에 콩이가 귀를 쫑긋 세웠다. 나는 엄마를 안심시키려고 한마디 내뱉었다.

"걱정하들들 마십쇼! 숙제합니다, 해요! 딱 이거 한 모금만 마시고요."

엄마가 휙 뒤돌아섰다. 얼굴이 뻘겋게 변해 있었다. 방에서 작업을 하다 잠깐 물 마시러 나온 아빠가 엄마 얼굴을 보고는 슬그머니 방으로 다시 들어갔다.

엄마가 소리쳤다.

"공완두! 넌 왜 이렇게 집중력이 없니?"

나도 정말 궁금했다. 내 집중력은 어디로 사라진 걸까?

"그래서 빵완두인가 봐요. 집중력이 빵!"

"뭐라고?"

'이게 아닌데…….'

엄마를 슬쩍 보았다. 엄마 얼굴이 빵 터질 듯이 부풀어 올랐다. 곧이어 잔소리를 사정없이 퍼붓기 시작했다.

"속 터져! 지금까지 한 문제는 풀었니?"

―

포포가 내 얼굴을 찬찬히 뜯어보았다.

"완두 어린이에게 무슨 문제가 있는 걸까요? 먼저 간단한 테스트를 해 보겠습니다."

포포가 컴퓨터 자판을 두드리자, 커다란 스크린에 몇 가지 질문이 나타났다.

포포의 집중력 연구실 2

집중력을 도둑맞았어!

질문을 읽고 그렇다고 생각하면 O, 아니라고 생각하면 X를 누르십시오.

공부나 청소, 놀이 등 무슨 일이든 끝까지 한 적이 없다.	O	X
이번 주에 있었던 일이나 내일 할 일 등을 잘 기억해서 말하지 못한다.	O	X
숙제나 놀이 등 한 가지를 20분 이상 앉아서 하지 못한다.	O	X
친구나 선생님, 부모님이 말할 때 다른 생각이 나서 못 들을 때가 있다.	O	X
공부나 놀이를 할 때 자꾸 딴생각을 하고, 규칙을 잊어버린다.	O	X
밖에서 나는 냄새나 소리 등이 신경 쓰여서 어떤 일을 못할 때가 많다.	O	X
스스로 계획을 짜서 어떤 일을 끝마친 적이 별로 없다.	O	X
이번 달이나 올해에 꼭 하고 싶은 목표를 정한 적이 없다.	O	X
자기 자신의 장점이나 단점에 대해서 잘 모른다.	O	X
장래 희망이나 좋아하는 것 등 나 자신에 대해서 생각해 본 적이 없다.	O	X

야호~
저 백 점이에요!

아닙니다. 이건 백 점만큼
집중력이 없다는 뜻입니다.
완두 어린이, 문제가 심각합니다.

완두 어린이는 지금
집중력을 도둑맞았습니다!

저도 집중력이
좋을 때가 있거든요!
게임을 시작하면
화장실도 안 가고
밥 먹는 것도
잊어버릴 정도라고요!

그건 스스로의 의지로 한 게 아니라 디지털 매체에 의한
비자발적인 집중입니다!

**집중력을 빼앗긴 건 단순히 완두 어린이의 개인적인
문제가 아닙니다. 우리 모두는 공격받고 있어요!**

이게 다 막강한 힘을 가진 도둑들 때문이에요.
집중력 도둑! 당장 잡아야 합니다.

미션! 집중력 도둑을 잡아라!

집중력 도둑을 찾기 위해 포포 주머니를 드리겠습니다.
이 주머니 속에는 숲에서 나는 진귀한 재료로 만든 비밀 도구가
들어 있습니다. 이 도구들은 우리 연구소를 찾아온
어린이들을 위해 제가 특별히 제작한 발명품입니다.
늘 주머니를 갖고 다니다가 집중력이 절실하게 필요한 순간,
손을 집어넣어 도구를 꺼내세요. 완두 어린이에게
꼭 필요한 도구가 선택될 것입니다.

포포 주머니 사용법

1. 손을 집어넣었을 때 가장 먼저 잡히는 것을 꺼낼 것

2. 한 번에 하나만 고를 것

3. 일단 착용하면 집중력 도둑을 모두 찾기 전까지는
   벗을 수 없으니 신중할 것!

4. 집중력 도둑을 하나 찾을 때마다 미션 도장을 받으러
   반드시 연구소로 올 것

도장 찍기!
정말 재미있겠는데요!

베개 밑에 숨은 첫 번째 도둑

 포포에게 감사 인사를 한 뒤 콩이를 데리고 연구소를 나와 살그머니 집으로 돌아왔다. 포포 주머니는 옷 속에 숨기고 최대한 가만가만 내 방으로 왔다. 엄마가 방문을 열고 무슨 말을 하기 전에 "저 이제 숙제해요!" 하고 외쳤다. 책상 앞에 앉는데, 가슴이 계속 쿵쾅거렸다.
 포포 주머니를 들키지 않게 얼른 책가방에 집어넣었다. 휴우, 숨을 돌리는 순간 방문이 열리더니 엄마가 얼굴을 스윽 내밀었다.

"완두야, 얼른 저녁 먹어."

나는 두근대는 가슴을 누르고 대충 저녁을 먹었다. 방으로 돌아와 학원 숙제를 간신히 끝냈더니 밤 10시.

씻고 나오는데 엄마가 물었다.

"내일 학교 갈 준비는 다 했어?"

"응? 뭐가 있었더라……."

잘 기억이 나지 않았다.

"숙제는 다 했지? 준비물은 없어?"

서서히 뭔가 어렴풋이 생각났다.

'선생님이 내일 일기장 검사한다고 했는데……. 저번 주에 검사 받고 하나도 안 썼으니까 세 개나 써야 하네.'

찔끔 눈물이 났지만 공아리가 볼까 봐 얼른 닦았다. 눈물을 꾹꾹 눌러 참고 일기를 쓰기 시작했다.

일기를 다 쓰고 시계를 보니 11시 55분. 자려고 침대에 누웠는데, 너무 억울해서 잠이 오지 않았다.

'오늘 하나도 못 놀았네. 지금이라도 놀아야지.'

학원 숙제를 간신히 끝내고 돌려받은 스마트폰으로 동영상을 보다가 친구 어주선에게 메시지를 보냈다.

 자?

 아니.

 뭐 해?

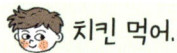 치킨 먹어.

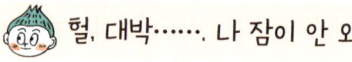 헐, 대박······. 나 잠이 안 와.

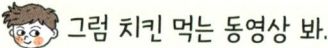 그럼 치킨 먹는 동영상 봐.

잠시 후 주선이에게서 문자가 왔다.

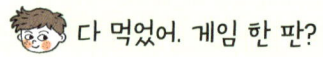 다 먹었어. 게임 한 판?

 오케이!

나는 잠이 들어 폰을 얼굴에 떨어뜨릴 때까지 주선이와 슈팅 게임을 했다. 시곗바늘이 새벽 1시를 지나고 있었다.

―

다음 날 아침, 멀리서 엄마가 내 이름을 부르는 소리가 메아리처럼 들렸다.

"완~두~야~! 일~어~나~! 학~교~ 가~야~지~!"

'헉! 몇 시지?'

시계를 보니, 8시 40분!

'어이쿠! 10분 남았잖아!'

나는 얼른 눈곱을 떼고 전속력으로 옷을 입었다. 바로 가방을 메고, 접시에 놓인 달걀프라이를 꿀꺽 삼켰다. 그리고 완두콩처럼 빨리 달리기 시작!

잠시 뒤 4학년 1반 교실 안으로 미끄러지듯 들어갔다.

"오늘도 지각 3초 전 도착! 박아지, 안녕?"

박지아는 나를 힐끗 보고는 다시 읽던 책으로 눈을 돌렸다. 나는 뒤돌아서 같은 모둠인 어주선, 최리와 인사했다.

그러자 차분희 선생님이 말했다.

"떠들지 말고 책 꺼내서 읽어요!"

교실 앞 선생님 책상에 활짝 핀 분홍색 꽃이 꽂혀 있었다. 나는 무슨 꽃인지 너무 궁금해 앞으로 나갔다.

"선생님, 이거 무슨 꽃이에요?"

"제라늄이야. 예쁘지?"

"죄라늄이라고요? 죄라뇨? 헤헤, 이름 이상하다."
그 순간 선생님의 새 휴대폰이 눈에 들어왔다.
"선생님, 폰 바꾸셨어요? 우아!"
"공완두, 자리로 돌아가."
"이거 최신형 맞죠? 어제 갖고 오신 거랑 다른데요?"
그 순간 손에서 휴대폰이 툭 미끄러지며 바닥에 떨어졌다. 털썩! 휴대폰 액정에 와장창 금이 갔다.
'헉!'
선생님 얼굴이 사정없이 일그러졌다. 선생님은 얼굴을 붉힌 채 입을 꽉 다물고 있었다. 그때 창문으로 나비가 날아들어왔다. 흰 날개가 예뻐 보여 나도 모르게 손을 뻗었다.
탁, 쨍그랑! 책상 위에 있던 꽃병이 바닥에 떨어져 깨졌다.
친구들이 일어나 무슨 일인지 기웃거렸다.
"빵완두가 또 사고쳤다!"
선생님한테도 제라늄한테도 미안했다. 갑자기 오줌이 너무 마려웠다.
"선생님, 정말 죄송해요. 일부러 그런 거 진짜 아니에요."
오줌 신호가 점점 더 거세졌다.

"선, 생, 님, 저 화장실 좀 갔다 와도 돼요?"

다리를 슬쩍 꼬고 선생님에게 물어보다가 킥킥 웃고 있는 어주선과 눈이 마주쳤다. 웃음이 터지려고 해서 이를 꽉 물고 참았지만 "흐흐흐." 하고 웃음이 흘러나왔다. 그때 선생님과 눈이 딱 마주쳤다.

"공완두, 이게 웃기니?"

"그게 아니라……."

"우리 완두를 어쩌면 좋을까? 어머님을 또 부를 수도 없고……."

선생님은 액정이 깨진 휴대폰을 들고 고개를 절레절레 흔들었다. 간신히 허락을 받고 화장실로 뛰어갔다. 볼일은 시원하게 마쳤지만 마음은 영 시원하지 않았다.

'내 손하고 내 발은 왜 멋대로 움직일까?'

학교 끝나고 저녁밥도 먹는 둥 마는 둥 하고 내 방으로 돌아왔다. 그제야 책가방 속에 든 포포 주머니가 생각났다.

'포포 주머니! 처음 손에 잡히는 도구를 꺼내라고 했지?'

나는 눈을 꼭 감고 포포 주머니에 손을 넣었다. 보들보들 부드러운 뭔가가 손에 잡히자 꽉 잡고 꺼냈다.

'이게 뭐지? 담요인가?'

펼쳐 보니 몸에 두르는 망토 같았다. 거울 앞에 서서 휘릭 펼쳤다. 갈색 깃털이 반짝거렸다. 살펴보니 망토 안쪽에 붙은 하얀색 꼬리표에 글씨가 작게 쓰여 있었다.

부엉이깃털보니망토

첫 번째 집중력 도둑을 잡으려면
어깨에 이 망토를 두르시오.
부작용 : 단, 입고 다니면 창피할 수 있음.

망토를 두르고 거울을 보자, 기분이 좀 나아졌다. 마법 소년이 된 기분이었다. 달큼한 향기도 나는 것 같았다.

 나는 침대 위에서 망토를 휘날리며 팡팡 뛰었다. 망토가 휘날릴 때마다 깃털이 반짝거렸다.

계속 뛰고 싶은데 몸이 저절로 침대 위로 사뿐히 내려앉았다. 그러더니 동그란 머리가 베개 위로 떨어져 내리며 사르르 눈이 감겼다. 몸이 그대로 침대 속으로 스며들어 파묻히는 것 같았다.

—

"엉?"
 눈을 떴을 때 너무 놀랐다. 잠깐 눈을 감았다 뜬 것 같은데, 어느새 아침이었다. 그런데 다른 날과는 뭔가 달랐다. 늘 찌뿌둥하던 내 머릿속이 깊은 산속 옹달샘처럼 맑았다.
 '어떻게 된 일이지?'
 벌떡 일어나 앉아서 시계를 봤더니 7시.
 "아침 7시? 내가 언제 잠들었지?"
 창문을 열고, 아침 공기를 들이마셨다.
 '부엉이깃털보늬망토 때문인가?'
 망토 단추를 풀려고 했지만, 단춧구멍이 너무 작아서 단추가 빠지지 않았다. 포포 주머니 사용법이 떠올랐다.

"일단 착용하면 집중력 도둑을 모두 찾기 전까지 벗을 수 없으니 신중할 것!"

'이러고 학교에 가면 친구들이 이상하게 볼 텐데…….'

나는 망토 위에다 티셔츠를 껴입었다. 거울을 보니 깃털이 티셔츠 위로 삐죽 비어져 나와 있었다.

'괜찮으려나?'

부엉이 깃털을 안 보이게 하려고 티셔츠 안으로 조심조심 밀어 넣었다. 목하고 가슴이 간질간질했다.

'오늘이 무슨 요일이지?'

나는 알림장을 확인하고 책가방을 챙겼다. 그러고는 "엄마!" 하고 소리치며 문을 열었다.

"옴마야! 완두가 스스로 일어났네. 해가 서쪽에서 떴나?"

엄마는 너무 놀라서 입을 다물지 못했다.

천천히 식탁으로 가 아침을 먹었다. 콩이가 고개를 들고 웬일이냐는 듯 나를 쳐다보았다. 부스스하게 거실로 나온 아리와 아빠도 나를 보고 놀란 듯했다.

"나 안 이상해 보여?"

나는 망토의 깃털 때문에 물어본 거였는데, 예상 외의 답

이 날아왔다.

"좀 이상해!"

아빠가 나랑 시계를 번갈아 보더니 엄지척을 해 주었다. 엄마는 엉덩이를 툭툭 두드려 줬다.

"엄마, 나도!"

공아리가 입을 삐죽거리며 샘을 냈다.

나는 밥을 다 먹고, 양치질도 꼼꼼히 한 뒤 학교로 향했다. 뛸 필요가 없었다.

'와, 이럴 수가! 나에게도 이런 일이?'

가는 길에 최리와 박지아를 만나서 함께 교실로 들어섰다.

"공완두, 오늘 일찍 왔네?"

선생님이 나를 보고는 놀라며 웃어 주었다. 기분이 짜릿했다. 쉬는 시간에는 다음 수업 교과서를 챙겼다.

"어머! 완두가 벌써 교과서를 폈네?"

 이상했다. 선생님 말씀이 또박또박 잘 들렸다. 수업 시간에는 보통 지루해서 엉덩이를 들썩들썩하거나 몽롱하게 있었는데, 웬걸! 배우는 내용이 귀에 쏙쏙 들어왔다.
 어젯밤에 망토를 두르고 곧장 잠이 들었는데, 혹시 그거 때문인가? 그동안 내 손과 발이 말을 듣지 않았던 게 혹시 잠을 충분히 안 자서였나? 진짜 잠이 부족해서?
 '첫 번째 도둑을 찾았어!'

—

학교가 끝나고 잔소리탈출연구소로 향했다.
"포포 요원님!"
나는 포포를 부르며 책가방을 벗고, 티셔츠를 벗었다. 포포는 날개로 눈을 가리며 말했다.
"아니, 무슨 일이에욧? 왜 옷을 막 벗고 그러시죠?"
"도둑 다 찾을 때까지 이거 정말 못 벗어요, 정말?"
포포 망토를 보며 포포가 말했다.
"후후, 맞습니다! 집중력 도둑을 모두 찾는 미션이 끝날 때까지 사용한 포포 도구는 벗을 수 없답니다."
"으악! 그럼 망토를 계속 입고 다녀야 한단 말이에요?"
포포는 눈을 크게 뜨고 포포 망토를 구석구석 살펴보았다.
"자는 동안 덥지도 않고 춥지도 않았지요? 달콤한 귤과 고소한 군밤 냄새를 맡으면서 스르르 잠이 들었을 겁니다."
나는 손뼉을 딱 치며 말했다.
"정말 금방 잠이 들었어요! 눈뜨니까 아침이던데요?"
"이 망토는 부엉이 깃털에 쌍둥이 밤의 속껍질인 보늬와 귤

껍질 속 하얀 귤락을 섞어 만들었답니다. 부드럽고 따스한 바람이 솔솔 통하게 해 주는 덕분에 잠을 푹 잘 수 있죠."

"부엉이깃털보늬망토 덕분에 첫 번째 집중력 도둑을 찾았어요. 바로 잠! 잠이 부족하면 집중력이 떨어져요. 맞죠?"

포포는 큰 눈을 더 크게 부라리며 말했다.

"흠흠, 그걸 수면 부족이라고 하지요."

나는 포포 망토를 휘날리며 처음 잡은 도둑의 정체를 크게 외쳤다.

"잡았다! 첫 번째 도둑, 수면 부족!"

포포는 커다란 날개로 박수를 치며 연구소 안을 날듯이 뛰어다녔다. 그리고 엄숙한 표정으로 벽장에서 긴 도장을 꺼냈다. 도장은 빗자루처럼 길었다.

포포는 훌쩍 날면서 미션지에 도장을 찍었다. 그러자 첫 번째 도장 자리가 파사삭 사라지고 동글동글한 부엉이 도장이 찍혔다.

"첫 번째 미션 완료! 축하합니다."

포포의 집중력 연구실 3

진짜진짜 중요한 잠

잠이 부족할 때 사라지는 게 뭔지 이제 알겠나요? 바로 집중력입니다! 완두 어린이가 잠을 얼마나 소홀히 여겼는지 보십시오.

6~12세 어린이들은 밤에 9~12시간 잠을 자야 합니다.

미국의 ABCD 프로젝트*에서 9시간 이상 잠을 자는 어린이 4,142명과 9시간 미만 잠을 자는 어린이 4,181명을 뽑아 2년 동안 연구를 진행했습니다. 어린이들의 뇌 MRI 영상과 진료 기록을 검토하고, 설문 조사를 했지요. 그랬더니 이런 결과가 나왔습니다.

불안과 충동

기억력과 지능

9시간보다 **적게** 자는 어린이

9~12시간**만큼** 자는 어린이

*미국 국립 보건원에서 10대 청소년들의 뇌 발달을 연구한 장기 연구 프로젝트입니다.

잠은 집중력뿐만 아니라 행복과도 관련이 있습니다.
우리나라 어린이들의 행복 지수를 조사한 내용* 가운데 잠과 관련된 부분을 볼까요?

잠을 충분히 못 잔 아이들은 행복 지수도 낮고, 우울감과 불안, 자해, 비행 행동도 더 많이 경험한다고 합니다.

수면 부족 경험이 **있는** 어린이

수면 부족 경험이 **없는** 어린이

행복 지수 **39**

행복 지수 **43**

잠을 충분히 자야 더 행복하다고!

*초록우산 어린이재단에서 2024년 발표한 '아동행복지수' 보고서에 나오는 내용입니다.

잠을 못 자면 왜 집중력이 떨어질까요?
잠을 자는 동안 우리 뇌는 낮 동안 쌓인 찌꺼기를 청소합니다.
그런데 **잠을 안 자면 찌꺼기가 그대로 남아 뇌의
기능이 떨어지고 집중력이 사라지게 됩니다.**

옛날 어린이들은 해가 지면 자고, 해가 뜨면 일어났습니다.
반면 요즘 어린이들은 밤에 게임을 하거나 공부를 하느라
잠을 덜 잡니다. 하지만 성장하는 어린이들에게 잠이 무엇보다
중요하다는 사실을 잊으면 안 됩니다.

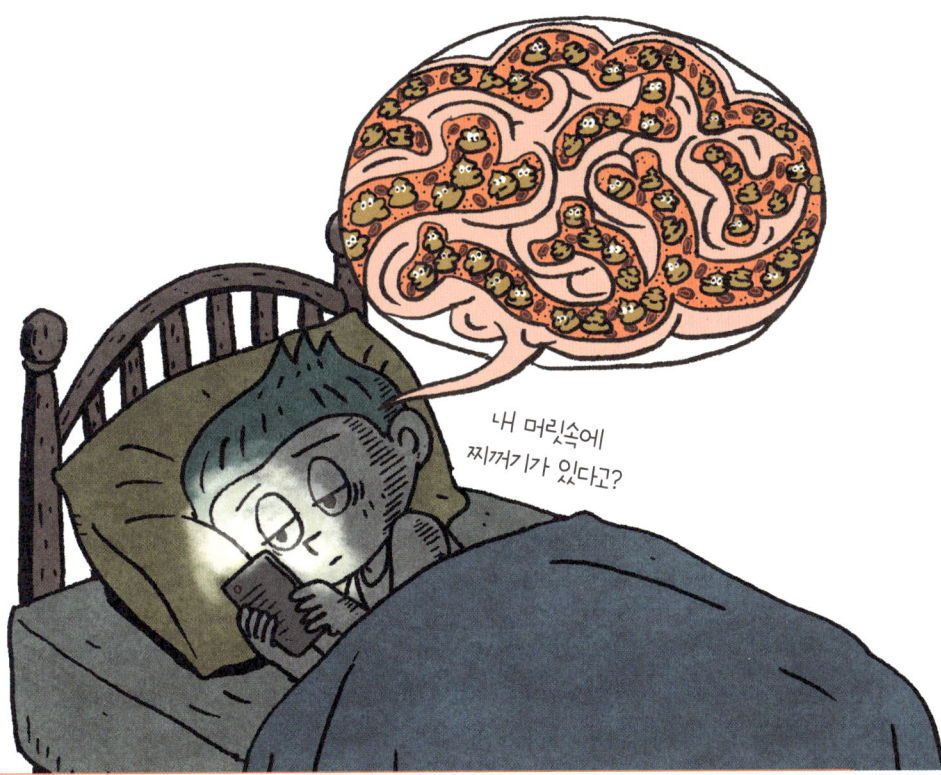

# 달콤함 뒤에 숨은 두 번째 도둑

 다음 날, 학교에 갔다 집에 오자마자 서랍 속에 넣어 둔 미션지를 꺼내 보았다. 첫 번째 도둑이 사라지고, 포포 도장이 쾅! 찍혀 있었다. 뿌듯했다.
 '집중력 도둑을 하나 찾았으니 공부가 좀 되려나?'
 집중력 두둑을 얼른 다 찾아서 빵점 맞은 빵완두가 아니라, 백 점 맞은 빵빵한 빵완두가 되고 싶었다.
 힘내서 공부하려고 초코바와 과자 한 봉지, 콜라를 책상 위에 펼쳐 놓았다. 그런데 뭐부터 해야 할지 막막했다.

'곱셈도 어려운데 나눗셈까지……. 구구단부터 달달 외워야 하나? 칠 단을 아직 잘 못 외우니까…….'

초코바를 하나 뜯어 질경질경 씹었다. 달콤하고 맛있었다. 여전히 구구단은 생각이 잘 안 났다.

'칠삼은 이십일, 칠사는……, 어디 보자.'

구구단 표를 볼 때마다 초코바를 입에 넣었다.

'수학은 어려우니까 국어를 공부해 볼까?'

작년에 받아쓰기 빵점을 맞은 게 생각이 났다.

'아, 속상해.'

속상할 땐 초콜릿이 위로가 되었다. 국어 교과서를 펼쳐 읽어 봤지만 눈에 잘 안 들어왔다.

'게임을 한 판만 하면 집중이 잘될 거 같은데…….'

스마트폰에 손을 뻗다가 정신이 번쩍 들었다.

'아악! 이렇게 집중이 안 될 땐 어떻게 하지?'

한참을 고민하고 있는데 책가방이 눈에 들어왔다. 내 손이 어느새 책가방 속을 더듬거리고 있었다. 촉촉하고 부드러운 가죽이 만져졌다.

'포포 주머니! 이번에는 어떤 도구가 나올까?'

나는 포포 주머니에서 손에 처음 잡힌 도구를 쑥 꺼냈다.

주르륵, 기다란 것이 빠져나왔다.

'이게 뭐지?'

긴 띠 같은데, 얇고 부드러웠다. 양쪽 끝부분이 부엉이 발톱처럼 꼬부라져 있었다. 고리 끝 하얀색 꼬리표에 글씨가 쓰여 있었다.

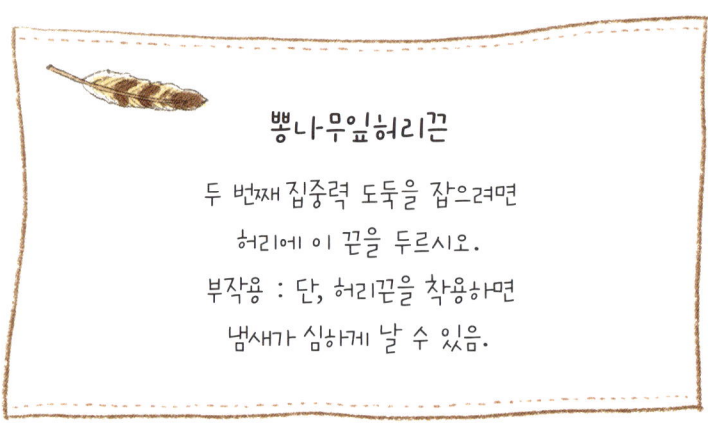

뽕나무잎허리끈

두 번째 집중력 도둑을 잡으려면
허리에 이 끈을 두르시오.
부작용 : 단, 허리끈을 착용하면
냄새가 심하게 날 수 있음.

'한번 해 볼까? 빨리 집중력 도둑을 잡아야지!'

나는 꼬리표에 적힌 대로 티셔츠를 걷어 올린 다음, 뽕나무잎허리끈을 허리에 두르고 고리를 걸었다.

딸깍! 잠기는 소리가 나더니 고리가 꽉 물려 풀어지지 않았다. 허리띠처럼 바지 위에 두르지 않은 게 다행이었다.

'화장실도 못 갈 뻔했네!'

허리끈을 매니 태권도 검은색 품띠라도 맨 것처럼 왠지 가슴이 쭉 펴졌다. 벌써 집중이 잘되는 기분이 들었다.

나는 책상 앞에 허리를 쭉 펴고 앉아 다시 수학 문제집을 펼쳤다. 문제를 풀기 전 남은 초코바를 한입에 넣고 우걱우걱 씹었다. 그러자 바로 허리끈이 찌르르 울리더니 뱃속이 부글부글 끓었다.

뿡뿡!

'왜 방귀가 나오지?'

쿰쿰한 방귀 냄새가 풍겨 왔다. 속이 울렁거렸지만, 정신을 차리고 수학 문제를 풀었다. 몇 문제 안 푼 것 같은데, 금세 속이 헛헛

했다.

'초코바만 먹어서 그런가?'

짭짤한 감자칩 봉지를 뜯어 아작아작 씹었다. 그랬더니 허리끈이 찌르르 떨리면서 방귀가 발사되기 시작했다.

뿡뿡 부부북 뽕!

방 안이 방귀 냄새로 가득 찼다.

윽! 읍! 머릿속이 멍했다.

'감자칩이 상했나?'

콜라 캔을 딸깍 까서 벌컥 마셨다. 그러자 더 난리가 났다.

뿌부부부부붕 뿌부부부부북 뿡뿡 부부부북 뿡뿡뿡!

이건 그냥 방귀가 아니라 방귀 폭탄이었다. 지독한 냄새를 가려 보려고 사탕을 까서 입에 넣었다. 그런데 달콤한 사탕 맛을 느끼기도 전에 방귀 폭탄은 더 심해졌다.

부부부부부북! 꾸루루루루룩!

'내 배가 왜 이러지?'

얼른 화장실로 달려가 한바탕 쏟아 냈다. 간신히 화장실에서 나와 내 방으로 가려고 식탁 옆을 지나는데, 발길이 우뚝 멈췄다. 식탁에 차려진 밥상이 너무 먹음직스러워 보이는 게 아닌가! 김이 모락모락 나는 된장국, 아삭아삭해 보이는 시금치나물, 고소한 냄새를 풍기는 포슬포슬 계란찜, 새콤하게 잘 익은 깍두기, 자르르 윤기가 도는 잡곡밥까지.

"엄마, 나 지금 밥 먹어도 돼?"

엄마는 놀라서 조물조물 무치던 콩나물을 툭 떨어뜨렸다.

"웬일이야? 아직 저녁 먹으라고 한 번도 안 불렀는데?"

평소에는 엄마가 밥 먹으라고 다섯 번도 더 소리쳐야 간신히 방에서 나와 식탁에 앉곤 했다.

"완두가 스스로 밥 먹으러 오다니!"

내가 식탁에 앉아 바지락된장국을 후루룩 떠먹자 엄마가 물었다.

"어때? 맛있지? 햄버거보다 몸에 좋아."

햄버거 얘기가 나오자 포포 허리끈이 찌르르 울렸다.

나는 크게 말했다.

"햄버거보다 엄마가 해 준 밥이 훨씬 맛있어."

엄마는 기뻐서 국자와 주걱을 들고 둠칫둠칫 춤을 추었다.

아빠와 아리도 저녁을 먹으러 왔다.

"완두가 웬일로 밥을 잘 먹네? 맨날 밥은 대충 먹고 치킨이나 피자 시켜 달라거나 과자와 콜라로 배를 채웠잖아?"

치킨과 피자 얘기가 나오자 포포 허리끈이 또다시 뜨거워지면서 찌르르 진동이 느껴졌다.

'어이쿠, 밥 먹는데 방귀 폭탄이 나오면 안 돼!'

나는 뽕나무잎허리끈이 들으라는 듯이 크게 말했다.

"아유, 아빠! 난 치킨, 피자 그런 건 이제 입에 안 대."

　그러고는 밥을 크게 한 숟가락 퍼서 입에 넣자 뽕나무잎 허리끈이 잠잠해졌다.
　"엄마, 나도 오빠처럼 밥 잘 먹어."
　공아리가 스스로 숟가락질을 해서 밥을 먹었다.
　"아리가 웬일이야? 이제 혼자서도 잘 먹네."

엄마는 우리를 보면서 기뻐서 어쩔 줄 몰라 했다.

"엄마, 뭐가 그렇게 좋아?"

나는 엄마에게 씩 웃어 보였다.

나는 된장국에 밥 한 그릇을 뚝딱 먹고 말했다.

"얼른 수학 숙제 다 하고, 소화도 시킬 겸 콩이 산책시키고 올게요."

나는 얼른 책상에 앉았다. 웬일인지 문제가 술술 풀렸다.

'야호, 두 번째 집중력 도둑을 찾은 거 같아!'

숙제를 마치고 서둘러 집을 나섰다.

연구소 꼭대기에 있는 포포의 연구실 문을 열자 포포가 날개를 펼치며 나를 맞이했다.

"두 번째 집중력 도둑을 찾았어요!"

"오호, 포포 허리끈을 썼나 보군요."

"휴, 방귀 폭탄이 터져서 숨 막혀 죽을 뻔했어요."

"흠 흠, 뽕나무잎허리끈이 제대로 작동했군요. 뽕나무잎과 누에똥, 노랗게 익은 은행 열매로 만든 뽕나무잎허리끈은 주인의 뱃속에 가공식품이 들어오면, 식품 속 화학 성분을 방귀로 배출합니다. 허리끈 주인을 위해서요."

"가공식품요?"

방귀 폭탄이 터지기 전에 내가 먹었던 것들은 바로 초코바, 감자칩, 사탕, 콜라 같은 가공식품이었다.

나는 뽕나무잎허리끈을 손으로 꽉 쥐고 자신 있게 외쳤다.

"잡았다! 두 번째 도둑, 가공식품!"

포포는 연구실 안을 푸드덕푸드덕 날아다녔다.

"도장! 도장!"

나는 콩이 배변 봉투 가방에 넣어 온 미션지를 꺼내어 펼쳤다.

쾅! 미션지에 두 번째 도장이 찍혔다.

"두 번째 미션 완료!"

포포의 집중력 연구실 4

먹는 것도
상관이 있어!

완두 어린이가 가장 좋아하는 냉동 만두뿐만 아니라 어린이들이 즐겨 먹는 매운 볶음면, 짜장 라면, 가공 소시지, 과일 맛 젤리, 아이스크림, 튀긴 어포, 그리고 톡 쏘는 탄산음료까지 모두 가공식품입니다. **가공식품**은 오래 보관하거나 더 맛있게 하려고 채소나 곡식, 생선, 고기 같은 재료에 열을 가하거나 **각종 화학 첨가물을 넣은 식품**입니다.

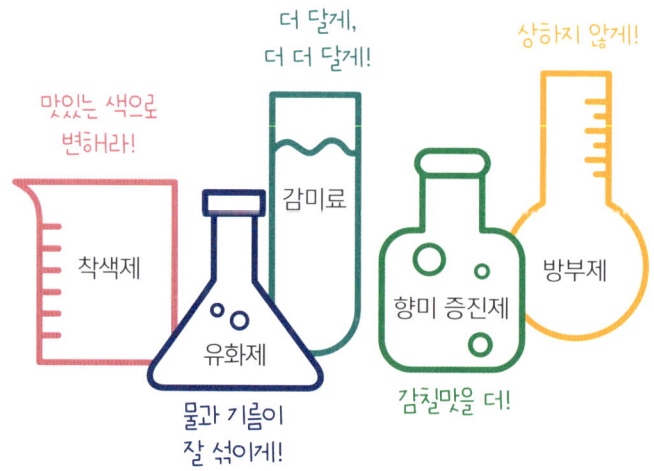

집중력 부족은 가공식품과 아주 긴밀한 관계가 있습니다. 네덜란드 과학자들이 집중력 문제를 겪고 있는 아이들 100명을 두 그룹으로 나누고 5주 동안 각각 다른 음식을 주었습니다.

1그룹 식판(신선한 재료로 만든 음식)

2그룹 식판(가공식품 위주의 음식)

신선한 식품을 먹은 아이들 가운데 무려 70퍼센트 이상이 집중력이 높아졌다는 결과가 나왔습니다. 왜 이런 결과가 나왔을까요?

가공식품은 몸속 에너지를 갑자기 쭉 올렸다 뚝 떨어지게 합니다. 가공식품에 들어 있는 설탕이나 가루로 만든 탄수화물이 보통 이런 역할을 하죠. 이런 게 잔뜩 든 음식을 먹으면 우리가 집중하는 데 쓸 에너지가 부족하게 됩니다.

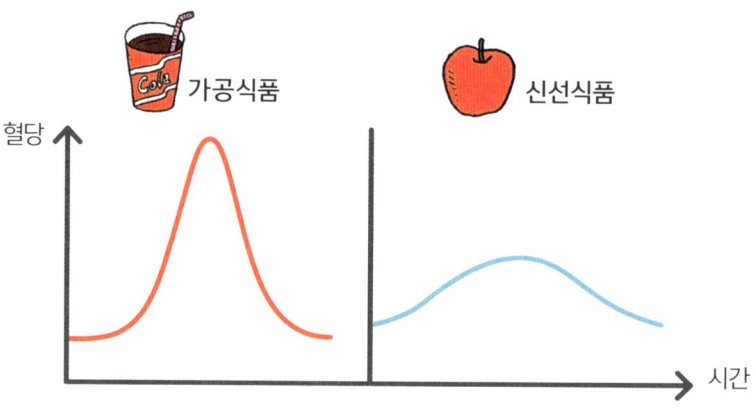

가공을 많이 한 식품에는 한창 크는 아이들의 뇌에 필요한 영양분이 거의 없습니다. 신선한 재료를 **가공식품으로 만들면 영양분과 비타민이 급속도로 파괴**됩니다. 그리고 금방 상하지 않게 하거나 맛을 더 좋게 하려고 각종 화학 첨가물들을 넣습니다. 이런 화학 물질들은 뇌에서 마약처럼 작용할 수도 있습니다!

더욱 큰 문제는 먹지 않으려고 해도 안 먹기 어렵다는 점입니다. 참새가 방앗간에 들르듯 여러분이 드나드는 편의점은 가공이 많이 된 초초초가공식품들로 꽉 채워져 있으니까요. 텔레비전과 각종 동영상에는 먹음직스럽게 만든 가공식품 광고가 쏟아지고요. 그럴수록 우리는 더 **신중하게 먹을 것을 골라야 합니다.**

5 빠르다는 착각, 세 번째 도둑

두 번째 집중력 도둑을 잡고 며칠이 지났다. 부엉이깃털 보니망토 덕분에 밤 10시면 눈꺼풀이 내려왔다. 하지만 아침 일찍 일어나니 좋았다! 뽕나무잎허리끈 덕분에 가공식품은 입에 댈 수 없었다. 하지만 밥맛이 꿀맛이었다.

아침마다 학교 가는 내 두 발은 신이 나서 다다다다 날아갈 듯했다. 걸어가면서 오른손으로는 스마트폰으로 폭탄 터뜨리기 게임을 하고, 왼손으로는 손가락으로 딱딱 소리를 내며 발걸음에 박자를 맞췄다.

교실 문을 열고 반 친구들에게 반갑게 인사를 했다.

"얘들아, 안녕?"

"어주선, 안녕하냐?"

짝꿍 박지아가 찌릿 나를 째려봤다.

"조용히 좀 해 줄래, 완두콩? 나 아침 독서 중인 거 안 보여? 네 목소리 때문에 집중이 안 된다고."

"헐! 너도 집중력 도둑맞았어?"

"넌 할 거 없니? 왜 떠들기만 해?"

"없긴! 난 할 게 굉장히 많아. 봐."

나는 얼른 연습장을 꺼내 오른손으로는 그림을 그리고 왼손으로는 큐브를 맞췄다.

"그걸 동시에 하는 거야?"

"넌 한 번에 하나만 하지? 난 한 번에 여러 가지를 한다! 왜냐하면 나는 능력자니까! 움하하!"

"흥! 뭘 그린 건지 도통 모르겠다. 큐브도 엉망이고."

아, 박지아는 내 초인간적인 멀티 능력을 몰라 봤다. 나는 한마디로 멀티맨이다. 오른쪽 발가락으로 실로폰을 치고, 왼쪽 발가락으로 모기 물린 데를 긁을 수 있다.

4교시 수학 시간이었다. 멀티맨인 나는 오른손으로 수학 익힘책에 문제를 풀고, 왼손으로 큐브를 맞췄다. 왜? 멀티맨은 지루한 걸 못 참으니까!

드르륵 스마트폰 진동이 느껴졌다.

'아차, 학교에 와서 스마트폰을 안 껐네.'

선생님 몰래 스마트폰을 보니 웹툰 다음 화가 업로드되었다는 알림이었다. 눈으로 슬쩍슬쩍 웹툰을 보면서 수학 익힘책 문제를 풀었다.

그때 박지아가 이를 꽉 물고 나직하게 말했다.

"완두콩, 너 때문에 못살겠드."

고개를 들어 지아를 보니 무척 화가 난 것 같았다.

"왜? 무슨 일 있어?"

지아가 손가락으로 책상을 가리켰다. 이럴 수기! 내기 풀고 있던 수학 익힘책이 내 것이 아니라 박지아 것이었다. 나는 화들짝 놀라 얼른 손을 뗐다.

"어쩔 거야? 책이 엉망이 되었잖아. 답도 다 틀리고!"

"왜 익힘책을 여기 놨어?"

"여긴 내 책상이야. 난 연습장에 미리 풀어 보고 책에 옮겨 적는단 말이야. 너처럼 막 쓰지 않는다고."

차분희 선생님은 아무것도 모른 채 칠판에 문제 풀이를 하고 있었다. 지아는 속이 상해서 어쩔 줄을 몰라 했다.

"어쩔 거야?"

"나도 몰라! 지우면 되지!"

큰소리는 쳤지만, 지아에게 너무 미안했다.

'멀쩡히 눈을 뜨고 남의 책에다 문제를 풀다니. 그것도 박지아 책에다가…….'

너무나도 후회스러웠다.

'멀티맨이 별로 좋은 게 아닌가…….'

4교시 수업이 끝나는 종이 울렸다.

"이제 점심시간이에요! 수학 익힘책 문제 다 못 푼 친구들은 집에서 숙제로 해 오세요!"

선생님이 웃으며 말했다. 다른 때라면 "네!" 소리치고 왁자지껄 점심을 먹으러 벌떡 일어났을 텐데 지금 내 입에서는 웃음도, 아무 말도 나오지 않았다.

"빵완두, 대충 먹고 운동장에서 게임하자."

어주선이 주머니 속에 숨긴 스마트폰을 슬쩍 보였다. 스마트폰은 아침에 학교에 오면 전원을 끄고, 학교 밖으로 나가야 켤 수 있다.

"싫어."

주선이가 놀랐다.

"밥 안 먹고 게임하자고? 네 뜻이 정 그렇다면……."

"아니야, 난 할 일이 있어."

그러자 어주선은 별일이라는 듯 어깨를 으쓱하고는 밥을 먹으러 갔다.

나는 교실에 남아 책가방에 든 포포 주머니를 꺼냈다.

'따로 노는 내 손을 제발 정신 차리게 해 줘.'

포포 주머니에 손을 넣자 뭔가 손에 잡혔다. 조심조심 꺼내 보니 조그만 나무 안경이었다.

'웬 안경?'

쓰기 전에 앞뒤로 안경을 살펴보았다. 안경 다리 안쪽에 있는 꼬리표에 작은 글씨로 뭔가가 적혀 있었다.

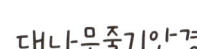

대나무줄기안경

세 번째 집중력 도둑을 잡으려면 안경을 쓰시오.
부작용 : 실제보다 더 똑똑하다고
사람들이 착각할 수 있음.

'똑똑해 보이는 게 왜 부작용이야? 안경은 평생 끼고 있어도 괜찮을 거 같은데?'

나는 침을 꿀꺽 삼키고 대나무줄기안경을 꼈다. 아무 일도 일어나지 않았지만, 왠지 모범생이 된 기분이 들었다.

'먼저 박지아 책에 쓴 틀린 답부터 지워야겠다.'

나는 갈겨 쓴 글씨를 지우개로 지웠다. 혹시라도 찢어지면 안 되니까 힘을 꽉 주면서도 조심조심 지워야 했다. 꼼꼼히 지우다 보니, 어디서 계산이 틀렸는지 보였다.

'점심시간이 끝나기 전까지 다 풀어 놓아야지! 나 때문에 박지아가 속상해하면 안 되니까.'

수학 익힘책 두 권에 풀어야 할 곱셈 문제가 네 쪽씩, 모두 여덟 쪽이나 됐다.

먼저 내 책에 있는 문제를 풀었다. 두 자릿수 곱하기 한 자릿수는 괜찮았는데, 세 자릿수 곱하기 한 자릿수는 받아 올림까지 많아서 너무 헷갈렸다. 머리에서 쥐가 나는 듯했다.

'동영상 좀 잠깐 볼까?'

영상을 틀어 놓고 슬쩍슬쩍 보면서 문제를 풀려고 했는데, 포포 안경 다리가 쩍 소리를 내며 팽팽히 조여졌다.

'엇, 목이 안 돌아가네?'

내가 아무리 고개를 돌리려고 해도 돌아가지 않았다. 어쩔 수 없이 눈동자를 옆으로 굴려 영상을 보려고 하자 포포 안경 양옆에서 까만 종이가 척 튀어나왔다. 이 안경은 지금 하고 있는 일 말고 다른 일은 못 하게 하는 것 같았다.

'어쩔 수 없네. 문제를 끝까지 푸는 수밖에. 방귀 폭탄이 터지는 것보다는 낫지! 반 친구들이 얼마나 괴롭겠어?'

내 수학 익힘책 문제를 다 풀고, 지아 책에도 똑같이 답을 적었다. 지아가 연습장에 푼 것과 비교해 보니, 내가 푼 것과 거의 비슷했다. 점심시간이 끝날 무렵 간신히 문제를 다 옮겨 적을 수 있었다.

나는 쪽지를 써서 지아 책에 끼워 넣었다.

박지아, 네 책에 낙서해서 정말 미안해. 낙서 다 지우고 제대로 풀어 놓았으니까 마음 풀어!

— 짝꿍 완두가

뭔가 멋진 말을 쓰고 싶었지만 잘 생각이 나지 않았다.

수학 익힘책을 덮자 안경 양옆에 튀어나와 있던 까만 종이가 쏙 들어갔다. 내가 이렇게 오랫동안 한자리에 앉아서 이토록 중요한 일을 끝까지 한 건 아마 태어나서 처음 같았다.

'세 번째 도둑을 찾은 것 같아!'

우쭐해진 나는 교실 뒤 거울 앞에 서서 내 얼굴을 보았다.

'내가 이렇게 생겼었나?'

안경을 끼니 좀 잘생기고 똑똑해 보이는 게 아닌가!

그러는 사이 점심을 먹은 친구들이 교실로 들어왔다.

"완두콩, 내 책 다 지웠어?"

박지아는 자리에 앉자마자 수학 익힘책을 폈다.

"어? 이거 언제 했어?"

지아는 연습장에 쓴 답과 내가 쓴 답을 번갈아 보았다. 이상이 없는 걸 확인하더니 내 쪽지를 펼쳤다. 지아는 쪽지를 읽고는 다시 접어서 익힘책 사이에 끼워 넣었다. 나는 지아에게 신경을 쓰느라 배가 고픈 줄도 몰랐다.

지아가 내 얼굴을 보더니 물었다.

"완두콩, 너 뭔가 좀 달라 보인다."

"어, 안경을 껴서 그런가?"

나는 안경을 손가락으로 살짝 올리며 대답했다.

지아는 속상한 마음을 조금 푼 것 같았다. 덩달아 내 기분도 좋아졌다.

학교가 끝나고 서둘러 집에 갔다. 가족들에게 대나무줄기 안경을 낀 내 모습을 보여 주고 싶었다.

"아빠! 아들, 학교 다녀왔사옵니다!"

"어, 그래……."

아빠는 빨래를 널면서 텔레비전으로 축구를 보고 있었다.

"아빠, 나 좀 멋있어 보이지?"

"그럼, 멋있지."

아빠는 눈을 계속 텔레비전 화면에 둔 채 영혼 없이 대답하고는 빨래를 마저 널었다.

"완두야, 오늘 올라간 울분의 휴화산 봤어? 어때?"

'울분의 휴화산'은 아빠가 그리는 웹툰 제목이다. 아빠는 웹툰 조회 수랑 좋아요 수가 적으면 갑자기 활화산이 돼서 막 폭발한다.

"아, 아직 안 봤는데, 이따 볼게요."

"재미 없으면 굳이 안 봐 줘도 돼, 어흑. 내가 역류성 식도염에, 거북 목에, 손목 터널 증후군에, 등 근육이 뭉쳐 가면서 그린 거지만……."

그러면서 아빠는 거실 바닥에 철퍼덕 엎드렸다.

"아리야, 공아리!"

나는 아리를 불렀다. 아빠가 엎드리는 건 등을 밟으라는 신호였다.

"알겠어. 내가 해 줄게, 아빠. 나도 할 일이 너무 많지만!"

아리는 아빠 등을 밟으면서 태블릿 피시로 만화 영화를 보았다.

"어유, 시원하다. 우리 효녀!"

그때 삑삑삑 현관문 번호 키 소리가 나더니 엄마가 들어

왔다. 나는 포포 안경을 스윽 올리며 엄마에게 말을 걸었다.
"엄마, 오늘 회사에서 어땠어요?"
"힘들었지!"
엄마는 후다닥 옷을 갈아입고, 손을 씻었다. 그러고는 스마트폰에 동영상을 틀어 놓고 저녁 식사 준비를 했다.
"아빠, 어느 축구팀 응원해?"
"슛! 아, 아깝다! 다시! 공을 똑바로 봐! 패스!"
아빠는 내 말이 안 들리는지 화면 속에 있는 축구 선수들에게 소리쳤다.

"공아리, 오빠 좀 멋있지?"

아리는 까르륵 웃으면서 나를 쳐다도 안 보았다.

나는 우리 가족을 보면서 놀라운 사실을 발견했다. 말할 때 아무도 서로의 눈을 보지 않는다는 것이었다. 콩이만 내 안경을 알아보고 나를 뚫어져라 쳐다보았다. 우리 집에서 내 얼굴을 봐 주는 건 우리 콩이뿐이었다.

나는 나 좀 보란 듯이 쿵쿵쿵 걸어 다녔다. 그런데 아무도 내 모습이 어제와 조금 달라졌다는 것을 몰랐다.

'대나무줄기안경이 필요한 건 나뿐만이 아니야.'

우리 가족은 이것저것 동시에 하느라 서로를 보지 못했다.

나는 콩이와 함께 밖으로 나왔다. 그리고 곧장 잔소리탈출연구소로 갔다.

"포포 요원님, 저 왔어요."

포포는 대나무줄기안경을 단번에 알아보았다.

"대나무줄기안경은 대나무숲에서 나는 어린 대나무 줄기를 한 줄 한 줄 미세하게 잘라 만들었답니다. 한겨울 숲속의 얼음과 안개의 기운을 담은 영롱한 유리도 끼웠고요. 후후훗."

포포는 어깨를 으쓱하면서 자랑스러워했다.

"제가 숙제를 하면서 스마트폰을 보려고 얼굴을 옆으로 돌리니까 안경테가 억세게 조이더라고요. 눈알을 돌리려고 하니까 까만 종이가 척 나와서 못 보게 가리고요."

"주변의 것을 자꾸 보면 안경알 주위에 김이 서리게 해서 가운데만 보게 하는 기능도 있지요. 껄껄껄."

"이 안경은 한 번에 하나만 하게 하는 안경이죠?"

포포는 부리를 뾰족하게 내밀고 고개를 끄덕였다.

"한 번에 여러 일을 하는 걸 '멀티태스킹'이라고 합니다."

나는 대나무줄기안경을 바짝 올려 끼며 외쳤다.

"찾았다! 세 번째 집중력 도둑, 멀티태스킹!"

포포가 도장을 쾅 찍으니 미션지에서 세 번째 도둑 멀티태스킹이 사라졌다.

"얏호!"

나는 신이 나서 꼬리를 흔드는 콩이를 안고 얼굴을 비볐다.

포포의 집중력 연구실 5

한 번에
한 가지만!

한 번에 여러 일을 동시에, 멀티태스킹을 한다고요?
그렇다면 집중력과는 담을 쌓겠다는 뜻이죠.
완두 어린이, 진짜 멀티태스킹이 된다고 믿었나요?
그동안 했던 멀티태스킹의 결과는 어땠나요?

미국의 한 회사에서 직원들을 대상으로 실험을 했습니다. 직원들의 아이큐 테스트를 진행하면서 한 그룹은 테스트에 집중하게 하고, 다른 그룹은 이메일과 스마트폰을 확인하게 했죠. 그랬더니 **테스트에만 집중한 직원들의 아이큐가 평균 10점이나 높게 나왔습니다.**

테스트에 **집중**했을 때

이메일과 전화로 **방해**를 받았을 때

하나만 집중할 때 일의 결과가 훨씬 좋습니다.

사실 멀티태스킹은 존재하지 않습니다.

사람들이 '멀티태스킹'이라고 하는 건 이 공을 던지고 저 공을 잡는 '저글링'과 같습니다.
우리 뇌가 이 일 저 일을 하나씩 잠깐잠깐 하는 거지 절대로 동시에 이루어지는 게 아닙니다.
우리 뇌는 이 작업을 하다가 다른 작업을 하면 뇌를 다시 설정하느라 **속도가 느려집니다.**

멀티태스킹의 문제는 또 있습니다. 자유롭게 생각할 수 있는 시간이 줄어들기 때문에 창의력도 그만큼 줄어듭니다. 바로 **'창의력의 손실'!** 깊고 폭넓게 생각하기보다 후다닥후다닥 뻔한 생각만 하게 되는 것이죠. **멀티태스킹은 평소에 아주 잘하던 일도 못하게 만듭니다.** 심리학자들이 '악마'라는 별명을 붙였을 정도라니까요!

멀티태스킹을 하면서 공부를 잘하고 싶다고 생각하는 건 살을 빼고 싶다면서 햄버거랑 콜라를 먹으며 설렁설렁 운동하는 것과 같습니다.

 마음을 병들게 하는 네 번째 도둑

잔소리탈출연구소를 만난 뒤 나의 생활은 조금씩 달라졌다. 난 이제 밤 10시면 꿈나라에 있고, 영양분이 가득한 엄마 밥을 맛있게 먹고, 한 번에 하나씩만 하면서 살고 있다. 그 덕분에 엄마의 잔소리도 조금 줄었다. 이런 내가 자랑스러웠다. 오늘 일이 있기 전까지는.

3교시 사회 시간이었다.

"모둠 활동으로 우리 지역의 지리 정보와 사람들이 하는 일 조사해 보자. 다 같이 협동해서 재미있게 해 봐!"

차분희 선생님은 쉬는 시간에 나와 주선이를 불렀다.

"완두야, 주선아! 너희, 모둠 활동 열심히 할 거지?"

"그럼요!"

나는 포포 안경을 올려 쓰며 자신 있게 대답했다. 하지만 선생님은 눈썹을 찡그리며 걱정스레 말했다.

"모둠 친구들에게 피해 안 가게 할 거라고 믿어도 될까?"

"네네, 걱정하지 마세요."

"어주선이 아무리 딴 길로 새도 제가 잘 인도할게요!"

자리로 돌아오는데 오른쪽 뺨이 따끔따끔했다. 고개를 돌려 보니 박지아가 팔짱을 끼고 매서운 눈초리로 우리를 노려보고 있는 게 아닌가?

자리에 앉는데 박지아가 책상 위에 펼쳐 놓은 연습장이 눈에 들어왔다.

'쉬는 시간에도 수학 문제집을 푸는 지아가 웬 낙서?'

레테 레테 레테 레테 레테 레테 레테 레테

영어 레테 **수학 레테** 국어 레테 레테 레테

'무슨 암호인가?'

나는 자리에 앉으며 지아에게 물어보았다.

"박아지! 무슨 일 있어?"

박지아는 한숨을 푹 내쉬었다.

"선생님이 짝 바꾸는 거 안 된대. 너랑 어주선 때문에 나랑 최리가 피해를 보잖아."

"나? 헛, 알겠어! 협동! 걱정 마. 오늘 방과 후에 만나서 모둠 숙제 싹 해치우자!"

—

나는 학원 수업이 끝나고 놀이터로 갔다. 주선이와 최리가 먼저 와 있었다.

"어이! 친구들, 안녕?"

주선이가 웬일로 스마트폰을 안 들고 있었다. 주선이 녀석도 어지간히 최리와 계속 짝을 하고 싶은가 보다.

"지아는 아직 안 왔어?"

최리가 고개를 저으며 말했다.

"공완두, 우리는 먼저 동네를 돌면서 조사할게."

"그래, 그럼 내가 박지아 기다렸다가 오면 연락할게."

최리와 어주선이 상가 쪽으로 갔다. 나는 지아를 기다리다가 심심해서 잠시 스마트폰을 꺼냈다. 한참 게임에 빠져 있는데 지아 목소리가 들렸다.

"헐! 게임하고 있었던 거야?"

지아는 걸어오면서 벌컥 화부터 냈다.

"내가 뭘?"

"나는 시간 맞추느라 학원 수업도 빠지고 뛰어왔는데, 왜 전화를 안 받니?"

"미안. 무음이었어."

나는 지아에게 최대한 차근차근 얘기했다.

"주선이와 리가 먼저 조사하고 있어. 우리도 시작하자!"

"지금 벌써 6시인데 언제 다 해? 다른 애들은 이미 지도 다 그리고, 이 주변 상가 인터뷰도 다 끝냈대."

지아 말을 듣다 보니 나도 슬슬 짜증이 났다.

"네가 늦게 왔잖아. 그런데 왜 오자마자 화부터 내?"

"네가 내 전화 안 받았잖아. 톡도 안 보고."

"아까 무음이었다고 했잖아. 그리고 지금이라도 우리 집 가서 그림지도 그리면 돼."

나는 어주선에게 전화해 우리 집으로 오라고 하고 지아와 서둘러 우리 집으로 갔다.

나는 인터넷 지도에서 우리 동네를 찾았다.

"이거 보고 내가 큰길부터 따라 그릴게!"

내가 종이에 지도를 그리는 동안 최리와 어주선도 우리 집으로 왔다. 최리는 콩이를 보더니 정신없이 쓰다듬었다.

"완두네 개 이쁘다. 이름은?"

"콩이야. 완두콩이 어릴 때 콩이라고 지었대."

최리는 콩이한테 간식을 주며 엄지를 척 들어 올렸다. 팔짱 끼고 쳐다보던 박지아가 심각하게 말했다.

"나 이번 모둠 과제, 만점 안 받으면 큰일 나."

"그래서 지금 열심히 하고 있잖아! 너도 보고 있지만 말고 얼른 그려."

박지아는 내 책상 앞에 앉았다.

"알았어. 길과 건물을 다 그리면 기호를 그려 넣을게."

나는 종이에 쭉쭉 길을 그리다 슬쩍 지아를 쳐다보았다.

그런데 이게 무슨 일? 지아가 수학 문제집을 풀고 있었다.

"야, 너 뭐 하냐?"

"넌 빨리 지도나 그려. 네가 다 그리면 내가 기호를 그린다니까. 기다리는 동안 학원 숙제 하는 거야. 난 모둠 숙제 말고도 할 게 많단 말이야!"

나는 어이가 없어서 박지아의 문제집을 툭 쳤다.

"이게 협동이냐? 협동하자면서 이러는 건 반칙이지!"

"바쁜데 어떡해! 학원 시험 못 보면 엄마한테 잔소리 엄청 들을 거야. 완벽한 언니랑 또 비교당하면서!"

나는 화가 났다. 벌떡 일어나서 박지아에게 한마디 하려고 하는데, 지아 눈에서 눈물이 뚝 떨어졌다.

"야, 박아지! 그렇다고 우는 게 어딨어? 진짜 반칙이야!"

최리가 콩이를 지아 품에 안겨 주었다. 지아는 한참 동안 콩이를 안고 울다가 눈물을 닦고 고개를 들었다.

나는 지아에게 궁금한 것을 물어보았다.

"너희 언니 이름이 혹시 레테야?"

"아니, 6학년 박지상인데?"

어주선이 말했다.

"헐! 전교 회장 박지상? 우아, 멋있다."

지아는 한숨을 푹푹 내쉬었다.

"나도 알아."

"박아지, 그럼 레테가 뭐냐? 너 연습장에 레테라고 잔뜩 써 놨더라?"

"레벨 테스트 몰라? 휴, 이번 주에 레벨 테스트 보고 점수가 안 나오면 5학년에 다시 다녀야 해."

"어주선, 우리 4학년 아니냐?"

그러자 지아가 답답하다는 듯 말했다.

"학원 진도가 5학년이라고. 근데 이번 레테 통과 못하면 6학년으로 못 올라가."

"6학년은 내후년에 하면 되잖아."

"으휴, 너랑 무슨 말을 하겠니……."

주선이가 내 어깨에 팔을 두르고 웃으며 말했다.

"그 학원 가면 원두는 이미 2학년일걸!"

"음, 어주선 너는 1학년일 거야."

드르륵드르륵, 지아 스마트폰이 울렸다. 지아는 전화를 받고는 "네, 엄마. 네……." 하고 대답했다.

지아가 전화를 끊고 말했다.

"나 집에 가야 해. 레벨 테스트를 잘 보게 도와주는 과외 선생님이 와서 기다리신대."

박지아는 주섬주섬 가방을 챙기더니 집으로 돌아갔다.

'협동해서 다 같이 잘해 보자고 할 때는 언제고.'

나는 어이가 없어서 멍하니 서 있었다. 그런데 의자에 연보라색 케이스를 끼운 스마트폰이 떨어져 있었다.

"어? 이거 지아 폰 아니야?"

나는 스마트폰을 집어 들고 얼른 밖으로 뛰쳐나갔다. 멀리 지아의 커다란 책가방이 흔들리는 게 보였다.

"야, 박아지! 너 폰 놓고 갔어!"

뒤돌아선 지아의 눈과 코가 빨갰다.

"박아지, 너 울보냐?"

"완두콩, 넌 바보냐? 꺼져!"

지아는 스마트폰을 빼앗듯이 받아 들더니 획 돌아섰다.

지아가 외친 말이 귓가에 왱왱 울렸다.

'바보라는 말을 들어서 그런가?'

아니, 박지아에게 들었기 때문이다. 그렇다. 난 박지아를 좋아한다. 그런 애한테 꺼지라는 말을 듣다니……. 저렇게 성질 고약한 애가 왜 좋은지 알 수가 없다.

방으로 돌아갔더니 최리와 주선이도 가방을 싸서 일어섰다.

"늦었어. 집에 가서 주선이랑 조사한 것 정리해 올게."

최리를 따라 주선이도 나갔다.

'선생님한테 모둠 활동 잘할 수 있다고 했는데, 우리 모둠만 숙제를 못 해 가면 어쩌지?'

더럭 걱정이 됐다.

'우리 모둠이 꼴찌를 하면, 지아가 나 때문이라고 하겠지?'

내일 아침에 선생님이 짝을 바꾸라고 하는 건 아닐까? 또 엄마, 학교에 부르시는 건 아니겠지? 그럼 엄마가 굉장히 실망할 텐데…….'

머리도 아프고 눈동자도 쑤시는 듯했다. 속이 쓰리고 심장이 벌렁벌렁 빨리 뛰었다.

'내 몸이 왜 이러지?'

다리에 힘이 빠져 방바닥에 주저앉았다.

"완두야, 얼른 저녁 먹어!"

엄마가 방문을 열고 말했다.

식탁에 앉았는데, 속이 울렁거리고 입맛이 없었다.

"나 체한 것 같아. 입맛이 없어요."

나는 혼자라도 모둠 숙제를 하려고 책상 앞에 앉았다. 대나무줄기안경을 바짝 당겨 쓰고 컴퓨터를 들여다봤지만 모니터 속 지도가 일렁거렸다.

다음 날 아침에도 여전히 심장이 벌렁거렸다. 학교에서도 모둠 숙제 걱정 때문에 다른 수업이 눈에 들어오지 않았다.

칠판 옆에 붙은 시간표에서 '사회'라는 글자만 크게 보였다.

'심장이 벌렁거려서 그런가?'

수업이 끝나고 집에 오자마자 나는 그대로 침대에 엎드렸다. 내 등을 짓누르는 듯한 책가방을 벗었다.

'병원에 가야 되나?'

그때 딱 생각이 났다. 포포 주머니!

나는 책가방에서 포포 주머니를 꺼냈다. 주머니 속에 손을 넣으니 보드라운 뭔가가 잡혔다. 쑥 꺼내 보니 연두색 양말이었다.

'털양말인가?'

양말 안에 가느다란 솜털이 가득했다. 양말 안쪽 하얀색 꼬리표에 글씨가 쓰여 있었다.

강아지풀양말

네 번째 집중력 도둑을 잡으려면
양말을 신으시오.
부작용 : 기분이 나아질 때까지 계속 작동합니다.

'기분이 나아진다고? 얼른 신어 보자!'

가느다란 털들 때문에 발이 양말 속으로 미끄러지듯 들어갔다. 두 짝을 다 신고 일어서서 걸어 보았다. 미세한 털들이 발가락 사이에서 꼬물거리기 시작했다.

간질간질! 강아지풀 수백 개가 바람에 살랑살랑 흔들거리는 것처럼 양말 속 잔털들이 발바닥을 간지럽혔다.

"으으으우헤헤헤헤헤!"

너무 간지러워서 팔짝팔짝 뛰며 웃음을 터뜨렸다.

"우히히히! 깔깔깔깔!"

웃다 보니 걱정이 조금 사라지는 듯했다.

"아유, 간지러워! 우하하하하하!"

계속 웃었더니 기분이 조금 나아졌다. 그런데도 여전히 발바닥이 간질간질했다. 나는 허벅지를 꼬집으며 밖으로 뛰쳐나갔다.

"으히히, 읍! 엄마, 콩이 산책시키고 올게요!"

나는 얼른 콩이에게 목줄을 채우고 집 밖으로 나왔다. 앞서 달려가는 콩이를 따라 쫓아 간신히 연구소에 도착했다.

"포포 요원님! 제발 간지럼 좀 멈춰 주세요!"

발을 번갈아 긁으며 사정하는 나를 보며 포포는 크게 고개를 끄덕였다.

"강아지풀양말이 제대로 작동했군요. 발을 넣을 때 부드럽게 미끄러지듯 들어가던가요?"

"네네! 어떻게 좀 해 주세요, 흐흐흐흐!"

"잠시 기다려 보세요. 스트레스가 줄어들면 양말이 스스로 감지해 지렁이 진액을 줄일 겁니다."

"지렁이 진액요? 우욱!"

"강아지풀양말은 제가 가장 좋아하는 지렁이 진액과 백육십 개의 강아지풀에서 뽑은 수천 개의 잔털, 바람에 흔들리는 풀잎 소리를 섞어 만들었지요. 신자마자 꼬물거리는 잔털과 간질간질 진액 때문에 몹시 간지러웠을 겁니다."

"그러고 보니 간지럼이 조금 잠잠해졌어요. 아우, 스트레스 받으면 이제 큰일 나겠는데요? 그런데 어!"

"무슨 문제라도……?"

나는 양발을 맞대고 앉아서 엄숙하게 말했다.

"찾았다! 네 번째 집중력 도둑! 쑤뚜뛔쑤, 아니 스트레스!"

"축하합니다. 네 번째 미션도 완료입니다!"

미션지에 포포 도장이 또 하나 쾅 찍혔다. 나는 미션지를 곱게 접어서 점퍼 안주머니에 넣었다.

집에 오는 길에 강아지풀 같은 콩이 꼬리를 보며 스트레스 같은 집중력 도둑은 절대 키우지 말아야지 다짐했다.

포포의 집중력 연구실 6
스트레스 때문이야

스트레스란 **적응하기 어려운 환경에 처할 때 느끼는 몸과 마음의 긴장 상태**를 뜻합니다.
스트레스를 받는 원인은 사람마다 다릅니다.
어린이들은 부모님의 이혼이나 갈등, 또는 동생이 생긴다거나 전학을 가면 새로운 환경에 적응하느라 스트레스를 받죠.

스트레스를 숲속에서 만나는 곰이라고 생각해 볼까요?
곰을 만나는 순간 저녁에 뭘 먹을지,
오늘 누구랑 싸웠는지에 대한 생각은 싹 사라지고
오로지 곰으로부터 도망치는 일에만 온 신경이 집중될 거예요.
그런데 곰이 자주 우리 앞에 나타나면
우리 뇌는 오로지 곰만 생각하게 됩니다.
그런 상태에서 해야 할 일이나 오늘 배워야 할 공부에 대해
집중할 수 있을까요?

한 연구소에서 사탕수수를 거둬들이는 일꾼들과 함께 실험을 진행했습니다. 연구소는 사탕수수를 거둬들이기 전 돈이 없을 때와 사탕수수를 거둬들이고 돈을 벌었을 때 일꾼들의 사고력이 어떻게 달라지는지를 알아보았습니다.

사고력 점수 **70**

경제적으로 불안할 때
(사탕수수 수확 전)

사고력 점수 **83**

경제적으로 안정되었을 때
(사탕수수 수확 후)

경제적 어려움에 시달리는 건 곰이 나타나는 것처럼 스트레스를 받는다는 뜻입니다. **스트레스를 받으면 생각하는 힘이 그만큼 낮아진다는 걸 보여 주는 실험이었습니다.**

**스스로 이겨 낼 수 있을 정도의 스트레스는
짧은 기간에는 집중력을 요구하는 과제를
더 잘 해낼 수 있도록 도움을 줍니다.**
피아노 발표회에 참가했을 때 무대에 올라가기 전에는
스트레스를 엄청 받지만, 그 스트레스는 정신을 차리고
피아노 연주를 더 잘할 수 있도록 만들어 주죠.
하지만 스트레스가 계속될 경우 우리 뇌에 변화가 일어납니다.

우리나라 아동 스트레스의 주요 원인은 숙제·시험(64.3%)과 성적(34%)이라고 합니다.* 공부 압박을 받는 아이들은 행복 지수가 낮고, 수면 시간도 적고, 공부 압박이 없는 아이들보다 우울이나 불안도 높습니다.**

스트레스를 풀고 집중력을 높이려면 도서관이나 미술관, 박물관 같은 곳에 가서 여유롭게 즐기거나 수영장이나 운동장 같은 체육 시설에서 몸을 움직여야 해요!

*보건복지부에서 2023년 시행한 '아동종합실태조사'에 나오는 내용입니다.
**초록우산 어린이재단에서 2024년에 발표한 '아동행복지수' 보고서에 나오는 내용입니다.

7 '좋아요' 뒤에 숨은 다섯 번째 도둑

　나는 오늘도 아침 일찍 일어나 거울 앞에서 망토에 달린 부엉이깃털을 티셔츠 안으로 쑥 집어넣었다. 잠을 푹 자고, 건강하게 먹으면서 되도록 한 가지 일에만 집중했다. 바로 지도 그리기! 잘할 수 있을 거라고 나 자신을 믿으면서 집중력 도둑 스트레스와 멀어지려고 했다.
　학교 가는 길에 책가방에서 어제 저녁 내내 열심히 그린 그림지도를 꺼내 들고 우리 동네와 하나하나 비교했다. 공원 앞을 지나는데, 바람이 휭휭 불더니 광고지 하나가 내 운동

화 위로 날아와 앉았다.

"누가 쓰레기를 버렸나?"

슬쩍 보니 컴퓨터에 둘러싸인 채 프로 게이머처럼 멋지게 차려입은 어린이들이 서 있었다. 나는 광고지를 잘 펴서 찬찬히 읽어 보았다.

- 지글몬스터 어린이 인턴 사원 체험! -

세계적인 테크 기업 지글몬스터에서
미래를 이끌어 나갈 어린이 인턴 사원을 뽑습니다!
지글몬스터에서 미를 체험하고 꿈을 찾으세요!

고개를 들고 주위를 살펴보니, 큰길 건너편 으리으리한 유리 건물 꼭대기에 지글몬스터 간판이 보였다.

"지글몬스터가 우리 동네로 왔구나!"

나는 광고지를 들고 교실로 뛰어 들어갔다. 큰 소리로 으쓱대며 말하고 싶었지만 꾹 참고 지아와 최리, 어주선을 불러 조용조용 얘기했다.

"여기에 참여하면 모둠 활동에 도움이 될 것 같아."

그러자 주선이가 작게 외쳤다.

"난 찬성! 지글몬스터에 가 보고 싶어!"

최리가 말했다.

"가서 '우리 지역의 지리 정보와 사람들이 하는 일'에 대해 조사해 보자. 거기서 무슨 일을 하는지 알아보는 거야."

잠시 생각하던 지아가 말했다.

"좋아, 신청해 보자."

며칠 뒤 지글몬스터에서 문자가 왔다. 우리 네 명 모두 어린이 인턴으로 뽑힌 것이었다.

다음 날, 우리는 번쩍이는 유리로 덮인 지글몬스터 건물로 갔다. 우리는 모두 지글몬스터 이용자였다. 지글몬스터는 에스엔에스(SNS)와 동영상 공유 사이트를 운영하고, 게임도 만드는 세계적인 회사니까!

우리는 회전문을 밀고 건물 안으로 들어갔다. 건물 1층 로비에는 벽면 가득 미디어 작품이 전시되어 있었다. 자은 화면 속에서 전 세계 사람들이 손을 흔들며 입을 뻥긋거렸다.

"여기로 모이세요!"

가슴에 목걸이 사원증을 건 직원이 우리에게 다가왔다.

"내 소개를 할게. 나는 지글몬스터 전략 프로젝트팀 피터야. 진짜 이름은 따로 있지만, 지몬에서는 동등하게 영어 닉네임으로 불러."

지몬? 요새는 뭐든 줄여 말하는 걸 좋아하는 것 같다.

지아가 웃으며 말했다.

"저는 마틸다예요, 피터. 잘 부탁드려요."

나는 지아의 순발력에 깜짝 놀랐다.

"마틸다와 어린이 인턴 여러분, 환영합니다! 하지만 지몬은 아무나 들어갈 수 없답니다."

우리를 포함한 어린이 인턴들이 어어! 걱정하는 소리를 내자, 피터가 비밀스럽게 말했다.

"특별히 뽑힌 어린이 인턴은 들어갈 수 있습니다! 지금 스마트폰을 열고 지몬에서 온 문자 링크를 눌러 보세요."

피터가 시키는 대로 링크를 누르자 바코드가 나타났다.

"지몬 어린이 인턴 합격증을 검색대에 찍으면 문이 열립니다!"

문이 열리고 안으로 들어갔다. 건물 안으로 들어갈수록 떡 벌어진 입이 다물어지지 않았다. 널찍한 공간에 자연을 본뜬 으리으리한 설치 미술품들과 수많은 컴퓨터, 크고 작은 태블릿 피시, 최신 스마트폰이 전시되어 있었다.

"어린이 인턴 사원 여러분! 지몬 개발팀은 고민이 많아요. 어린이들이 좋아하는 게 뭔지 이 피터에게 들려주세요! 여기 전시되어 있는 아무 기기나 이용해 에스엔에스, 동영상

서비스, 지몬 게임 뭐든 좋아하는 것에 '좋아요' 버튼을 누르면 됩니다. 참 쉽죠?"

지아가 나에게 귓속말을 했다.

"완두콩! 인턴은 직업 체험하는 거 아니야? 왜 우리한테 어린이들이 좋아하는 걸 알려 달래? 좀 이상한데."

"그러게."

피터가 나와 지아에게 가까이 다가와 말했다.

"어떡하면 어린이들이 우리 서비스에 빠져들 수 있을까?"

지아가 곰곰이 생각하더니 말했다.

"어린이들이 스마트폰을 너무 오래 하면 알람을 보내 정신 차리고 숙제나 책 읽기, 운동 같은 것을 하게 하는 기술이 있으면 좋겠어요."

'역시 지아는 똑똑해!'

그런데 피터의 생각은 달랐다.

"글쎄, 그건 좀 재미없어 보이는데? 다른 아이디어 없니?"

"음, 좀 더 써 보고 얘기할게요."

내가 대답했다.

"이거 무료예요?"

주선이가 새로 나온 게임을 가리키며 물었다.

"친구는 게임을 좋아하는구나! 계정을 만들면 포인트 넣어 줄게. 마음껏 해 보고 의견을 이야기해 줘."

"우아! 정말요?"

피터가 주선이 계정에 백만 포인트를 넣어 주자 어주선은 컴퓨터 자판을 두드리기 시작했다.

최리는 최신 폴더블 스마트폰으로 좋아하는 아이돌 가수 영상을 보면서 춤을 따라 췄다. 지아도 이곳저곳을 서성대다 컴퓨터로 숏폼 동영상을 보면서 '좋아요'를 눌렀다. 주선이는 물론 지아와 최리도 미소를 띠고 있었다.

나는 태블릿 피시로 요리 고수의 만두 비법 영상을 찾아보았다. 갈비만두, 물만두, 군만두, 납작만두, 김치

만두……. 아무리 스크롤을 내려도 끝이 나지 않았다. 나는 침을 꿀꺽꿀꺽 삼키며 고기만두 좋아요! 새우만두 좋아요! 꼬마만두 좋아요! 왕만두 좋아요!를 눌렀다.

'내가 찍은 검색어랑 내가 누른 '좋아요' 때문에 계속 만두를 보여 주는 건가 보다. 이런 걸 뭐라고 하더라? 아, 알고리즘!'

그때 머리를 보라색으로 염색한 여자가 피터를 불렀다.

"피터, 회의 시작해요!"

"네, 웬디! 지금 가요! 그럼 다들 여기서 체험하고 있어 봐. 팀 회의 좀 들어갔다 올게."

피터가 회의실로 들어가자, 지아가 나한테 오더니 태블릿 피시 화면을 손으로 가렸다. 나는 깜짝 놀라 벌떡 일어섰다. 지아가 나한테 뭐라고 하는 것 같았다.

'왜 지아 목소리가 안 들리지?'

나는 귀에 꽂고 있던 이어폰을 얼른 뺐다.

"뭐라고?"

다시 박지아가 입을 벙긋거렸다. 최리도 손짓을 하며 뭐라고 나에게 소리치는 것 같았다. 갑자기 아무 소리도 안 들리자 더럭 겁이 났다.

지아가 피터가 들어간 회의실 문을 두드렸다. 그러자 다른 직원이 나와서 기다리라고 말하는 듯했다. 지아가 나에게 또 뭔가를 말하는 것 같았는데, 역시 들리지 않았다.

'왜 안 들리지?'

등에 멘 책가방이 덜그럭거렸다.

'포포 주머니를 열라는 건가?'

나는 얼른 책가방을 열고 포포 주머니에 손을 넣었다. 그러자 까슬까슬한 뭔가가 손에 잡혔다. 꺼내 보니 귀마개 같았다.

'귀가 안 들리는데 귀마개를 끼리고?'

귀마개를 앞뒤로 돌려 보다 작은 꼬리표에 적힌 글씨를 읽어 보았다.

> **수세미바람소리귀마개**
>
> 다섯 번째 집중력 도둑을 잡으려면
> 귀마개를 귀에 끼우시오.
> 부작용 : 제때 끼지 않으면 귀가 안 들릴 수 있음.

'수세미바람소리귀마개? 구멍이 숭숭 뚫려서 소리를 잘 막을 것 같지 않은데……. 일단 껴 보자.'

나는 수세미바람소리귀마개를 귀에 꽂았다. 그러자 소라 껍데기에 귀를 대면 들리는 쏴아 하는 바람 소리가 들렸다. 이제 소리가 들리는지 보려고 태블릿 피시에 연결된 이어폰을 빼고 소리를 키웠다.

화면에 튀김만두 만드는 장면이 나왔다. 그런데 지글지글 소리 대신 삐! 하는 경보음이 울렸다. 보글보글 끓는 만둣국 장면에서도 삐! 하는 경보음이 났다.

'으앗, 시끄러워!'

태블릿 피시 화면에 만두 장인과 만두 요리 영상이 끊임

없이 등장했고, 내 귀는 삐삐삐삐 소리로 가득 찼다.

'혹시?'

퍼뜩 정신이 들었다. 주머니에서 폰을 꺼내 시간을 확인했다. 어느새 지몬에 들어온 지 두 시간이 지나 있었다.

'시간이 언제 이렇게 갔지?'

나는 귀가 너무 아파 귀마개를 빼려고 했다. 하지만 귓구멍에 더 찰싹 달라붙어서 떨어지지 않았다. 내가 태블릿 피시를 내려놓고 일어서자 윙 하고 바람 소리가 들렸다. 그러더니 사람 말소리와 커다란 웃음소리가 들렸다.

여자 어른 목소리가 누군가에게 물었다.
"왜 그렇게 웃어?"
"아까 그 애 얘기 너무 웃기지 않아?"
아는 목소리였다. 피터.
"그러게 말이야. 숙제를 다 하면 언제 게임을 하겠어?"
"들어온 고객은 절대 빠져나갈 수 없게 만들어야 해. 지루할 때쯤 대단한 행운인 듯 공짜 아이템을 던져 주고!"

나는 정신을 가다듬었다. 수세미바람소리귀마개는 에스엔에스를 스크롤 해서 계속 보면 삐 경보를 울려서 귀를 아프게 했다. 하지만 꼭 들어야 할 소리는 들려주는 특이한 귀마개였다. 이 소리는 분명 저 회의실에서 나는 소리 같았다.

여자 어른 목소리가 말했다.

"이번 어린이 인턴은 잘못 뽑은 것 같아. 좀 더 기발한 아이디어를 기대했는데 말이야. '무한 스크롤' 같은 기술처럼 사용 시간을 더 늘릴 수 있는 방법을 찾아야 해. 아이들이 우리 지몬에 더 오래 머물 방법! 지몬에 접속하면 두 시간, 세 시간 빠져서 놀게 만들 방법!"

피터가 말했다.

"아! 아까 그 애들, 게임할 때 혼잣말을 중얼중얼하더라고요. 인공 지능 스피커를 공짜로 주고, 게임하면서 하는 말을 모아 데이터베이스로 만들어 보면 어떨까요?"

"애들 부모가 음성 데이터를 그냥 줄까?"

"공짜라면 좋아할걸요? 법적으로 걸리는 부분은 계약서에 깨알만 한 글씨로 써넣으면 되고요."

"오케이. 이 애들에게 인공 지능 스피커 선물을 안겨서 돌려보내고, 새로운 인턴을 데려와."

회의 내용을 다 듣고 크게 말했다.

"얘들아! 저 회의실에서 피터 아저씨네 팀 사람들이 우리 시간을 더 많이 빼앗는 방법을 연구하고 있어!"

그때 회의실 문이 열리며 피터와 직원들이 나왔다.

"뭐야? 회의실 방음이 안 좋나? 들렸니? 하하! 뭘 그렇게 놀라? 너희도 스마트폰 오래 보면 좋잖아. 우리가 열심히 연구해서 너희들이 더 오래오래 게임하고, 동영상을 볼 수 있게 해 주려는 거야. 너희는 그냥 클릭만 하고, '좋아요'만 누르면 돼. 나머지는 우리가 할게."

이 이야기를 듣자 그때까지 컴퓨터에 붙어 게임을 하던 어주선이 얼굴이 하얘져 일어섰다.

"완두야, 집에 가자. 여기 괜히 온 것 같아."

주선이의 목소리가 떨렸다.

"이 회사가 무슨 일을 하는지 알게 되었네요!"

지아가 내 손을 덥석 잡더니 말했다.

"가자, 완두야."

내 심장이 철렁 내려앉았다.

우리는 뒤돌아서 지글몬스터 밖으로 걸어 나왔다.

—

우리 넷은 다시 우리 집에 모였다. 다행히 알고리즘에 빠져 있지 않을 때는 포포 귀마개를 끼고 있어도 숭숭 뚫린 구멍 사이로 소리가 제대로 들렸다.

우리는 다 같이 발표 자료를 만들었다. 그림지도에 지글몬스터를 그려 넣고 그 회사가 목표로 하는 일은 '이용자들이 더 오래 스마트폰과 게임 속에 머물게 알고리즘을 짜는 것'이라고 썼다.

발표 자료를 만들면서 문득 지아 마음이 궁금해졌다.

'지아는 지금도 나랑 짝 하는 거 싫은가?'

그러자 갑자기 귀에서 바람 소리가 나더니 작은 목소리가 메아리처럼 들려왔다.

오늘 진짜 재미있었어. 완두콩이랑 같은 모둠인 것도 나쁘지 않아.

'이건 박지아 목소리잖아?'

나는 키보드를 두드리다 말고 말없이 지아 얼굴을 돌아보았다. 그러자 지아가 손가락으로 내 얼굴을 다시 모니터 쪽으로 돌려놓았다.

"빨리 쓰라고, 완두콩. 나 학원 가야 해."

지아 얼굴이 조금 빨개진 것 같았다.

나는 발표 자료를 정리해 선생님과 나머지 세 명의 이메일로 보냈다. 걱정과 스트레스가 많았지만, 이번 사회 모둠 활동은 성공이었다!

나는 친구들을 보내고 나서 잠시 현관에 서 있었다. 그때 박지아와 최리가 소곤거리는 소리가 들려왔다.

"리야, 나 완두콩에게 좀 미안해. 선생님한테 짝 바꿔 달라고 해서 기분 상했겠지?"

"글쎄? 완두콩이 속상한 내색은 안 하던데? 오히려 너 좋아하는 거 같아. 내 촉이 그래."

"설마. 내가 같이 숙제하다가 그냥 막 집에 가고 그랬는데? 그럴 리 없어. 아마 날 싫어할걸."

'포포 귀마개, 성능이 괜찮은데? 이거야말로 초특급 비밀 도구인걸?'

가족과 저녁을 먹고 콩이를 데리고 잔소리탈출연구소로 갔다.

"포포 요원님! 수세미바람소리귀마개 진짜 멋져요!"

"3단계가 모두 작동했나요?"

"처음엔 갑자기 귀가 안 들려서 진짜 놀랐어요."

"그건 1단계, 외부 소음 차단입니다. 수세미바람소리귀마개가 도둑을 찾고 싶어 주인의 귀를 잡아당긴 것입니다."

"귀마개인데 왜 구멍이 숭숭 났어요? 차라리 이어폰이라고 해야 할 거 같은데요."

"제 맘입니다. 말린 수세미와 바람 소리를 불러오는 수수깡, 저녁이 되면 잎사귀를 오무리는 자귀나무잎으로 만든 이 수세미바람소리귀마개는 놀라운 힘을 발휘합니다. 2단계, 알고리즘에 빠져드는 뇌파를 감지하면 삐 하고 경보음을 울려서 중독을 차단합니다. 그리고 3단계! 꼭 들어야 하는 소리, 절실히 듣고 싶은 소리를 쏙쏙 들을 수 있게 해 줍니다! 마음의 소리라도 말이지요. 후후후."

"이 귀마개 덕분에 오늘 지글몬스터에서 사용자를 오래오래 붙들어 두는 알고리즘을 이용하고 있다는 걸 알았어요."

"그래서 다섯 번째 도둑을 찾았나요?"

수세미바람소리귀마개 안으로 휘잉휘잉 바람소리와 함께 포포의 마음이 들려왔다. 내 생각과 정확히 같았다.

"찾았다, 다섯 번째 집중력 도둑! 바로 테크 기업의 알고리즘!"

포포와 나, 그리고 콩이는 펄쩍 뛰어오르며 하이파이브를 했다. 포포의 날개와 내 손바닥이 허공에서 부딪쳐 짝! 소리를 냈다.

포포는 벽장에서 도장을 꺼내 미션지를 향해 날아왔다. 나와 콩이는 마지막 도둑이 사라지는 모습을 지켜보았다.

부엉이 도장 다섯 개!

"축하합니다. 드디어 미션을 완료했군요!"

포포가 날개를 활짝 펼쳐 나와 콩이를 폭 안았다.

포포의 집중력 연구실 7

알고리즘의 함정

가장 찾아내기 어려운 집중력 도둑을 잘 찾아냈군요. 지금 우리의 집중력을 가장 많이 훔쳐 가는 건 바로 알고리즘입니다. '알고리즘'이란 어떤 문제를 해결하기 위해 만든 단계적인 규칙과 절차를 말해요. 그런데 **이 알고리즘이 어떻게 우리의 집중력을 훔쳐 갈까요?**

에스엔에스나 인터넷 쇼핑몰을 운영하는 기업들은 여러분이 어떤 사이트에 들어갔는지, 무엇을 검색했는지 같은 기록을 살펴봐요. 그런 데이터를 바탕으로 여러분이 무엇을 좋아하는지, 어떤 것에 관심이 있는지 알아냅니다.

그리고 **그 정보를 이용해 어떤 콘텐츠를 어떤 순서로, 어떻게 보여 줄지를 바로 이 알고리즘이 결정하죠.**
우리가 디지털 기기의 응용 프로그램이나 웹사이트에 접속하면, 알고리즘은 여러분이 좋아할 만한 콘텐츠를 계속계속 보여 줍니다. "이거 재밌지? 이것도 볼래?" 하면서요. 그 결과 손에서 스마트폰을 내려놓기 어려워지는 것이죠.

알고리즘은 사용하는 사람의 행동을 변하게 합니다. 어떻게 사람의 행동을 바꾸는 걸까요?
미국의 심리학자 스키너가 비둘기에게 했던 실험을 소개합니다.
스키너는 **보상과 처벌로 행동을 조절할 수 있다**고 주장했습니다.

1. 상자(스키너 상자) 안에 누르면 먹이가 나오는 단추를 설치합니다.

2. 비둘기 한 마리를 상자에 넣습니다.

3. 비둘기가 상자 안에서 자유롭게 돌아다니다 우연히 단추를 눌러 먹이를 먹습니다.

4. 비둘기는 몇 번 더 단추를 눌러 먹이를 먹게 되고, 단추를 누르면 먹이를 먹을 수 있다는 것을 알게 됩니다.

에스엔에스에도 이런 장치가 숨어 있습니다.
사용자들이 사진과 글을 올리면 다른 사람들로부터
'하트'와 '좋아요'를 받습니다.
사용자는 더 많은 하트와 좋아요를 받을수록 스마트폰을
집어 들고 게시글을 더 많이 올리게 됩니다. 하트와 좋아요는
비둘기의 먹이와 같은 것으로, 사람들을 길들이는 장치인 것이죠.

집중력을 빼앗는 기술로 화면을 아래로 아무리 내려도 끝이 나지 않게 하는 '무한 스크롤' 기능도 있습니다.
사람들은 스마트폰을 쥐고 끊임없이 화면을 아래로 내립니다. 그리고 한참 시간이 지난 뒤에야 자신이 본 내용이 별로 필요하지 않은 정보라는 것을 깨닫게 되죠.
이 기능 때문에 사람들은 특정 응용 프로그램이나 사이트에서 50% 이상 더 오래 머물게 됩니다.

재미있는 사실은 이런 기술을 만드는 개발자들이
자기 자녀들에게는 스마트폰이나 에스엔에스를
사용하지 못하게 한다는 점입니다.
기술에 지배당하는 사람이 아니라 창조적인 사람이 되기를
바라기 때문이죠. 테크 기업의 **알고리즘과 무한 스크롤이
우리 사회 전체의 집중력을 빼앗아 갔다**는 사실을
우리 모두가 깨달아야 합니다!

도둑 중의 도둑

 그날 저녁, 집에 돌아와 보니 우리 가족은 여전히 스마트폰과 태블릿 피시에 집중력을 빼앗기고 있었다.
 "콩이랑 산책 갔다 왔어요!" 하고 소리쳐도 아무도 대답하지 않았다. 뭔가 대책이 필요했다.
 토요일 아침, 나는 밥을 먹으면서 말했다.
 "나 주말에 스마트폰 안 쓸래."
 엄마, 아빠, 아리는 물론 콩이까지 고개를 갸우뚱했다.
 "나는 집중력을 키워야 하니까 다들 도와줘!"

엄마가 먼저 스마트폰을 주머니에 넣고 말했다.

"어, 그래? 엄마도 그래야지."

아빠가 자신 없이 말했다.

"여보, 나도 해야 할까?"

나는 아빠 손을 꼭 붙잡고 말했다.

"아빠도 할 수 있어! 아이디어가 더 잘 떠오를걸?"

공아리는 가족들 대화를 들으면서 머뭇머뭇했다.

"병아리, 넌 못 할걸?"

"아니, 아리도 할 수 있다고!"

아리는 얼른 태블릿 피시를 서랍에 갖다 넣었다.

'역시, 후훗!'

공아리는 못할 거라고 하면 더 열심히 하려고 하니까.

스마트폰을 안 하니 주말 오후 시간이 유난히 느리게 흘러갔다. 덜컥 선언을 했으니 안 지킬 수도 없었다.

저녁 식사 시간! 가공식품 간식을 안 먹어서 그런가 밥맛이 좋았다. 고소하고 짭조름한 멸치볶음을 꼭꼭 씹어 먹는데, 공아리와 눈이 마주쳤다.

"완두콩 오빠, 음악 들으면서 밥 먹어?"

귀를 만져 보니 수세미바람소리귀마개가 손에 잡혔다.

"응?"

엄마가 내 얼굴을 보다가 고개를 갸웃했다.

"우리 완두가 눈이 나빴나?"

아빠도 눈을 끔벅거리며 나를 유심히 보았다.

'디지털 전자 기기를 멀리하니 이제 다들 제정신이 돌아오나?'

나는 밥을 크게 한 숟가락 떠먹으며 얼버무렸다.

"엄마, 엄마 밥은 진짜 최고야! 영양 만점! 너무 맛있어!"

나는 서둘러 밥그릇을 비우고 일어섰다.

방에 돌아와 거울로 내 모습을 비춰 보았다.

'아, 맞다!'

나는 콩이 산책을 핑계로 집 밖으로 나왔다. 목적지는 아름드리나무 위에 있는 잔소리탈출연구소! 나는 덜컹거리는 엘리베이터를 타고 올라가서 포포의 연구실 안으로 뛰어들어 갔다.

"포포 요원님, 포포 요원님! 뭐 잊은 거 없어요?"

포포는 연구소 구석에서 실험 도구를 들여다보고 있었다.

그 안에서는 신기한 액체가 부글부글 끓고 있었다.

"쉿! 지금 새로운 포포 발명품을 만드는 중입니다."

나는 포포에게 다섯 개의 도둑을 다 잡은 미션지를 척! 내밀었다.

"이것 좀 보세요!"

"훌륭합니다. 미션지 디자인도 마음에 들고, 부엉이 도장 역시 최고죠! 잘 만들었어, 후후."

포포는 눈동자를 뒤룩뒤룩 굴리며 미션지를 살펴보고는 어깨를 으쓱으쓱, 날개를 까딱까딱 움직였다.

"그게 끝이에요? 포포 도구를 다 빼 주고, 상도 주셔야죠."

나는 망토를 휘날리며 포포의 연구실을 휘리리릭 한 바퀴 돌았다. 그리고 손가락으로 뽕나무잎허리끈, 대나무줄기안경, 강아지풀양말, 수세미바람소리귀마개를 차례로 가리켰다. 그러자 포포가 날개로 박수를 치며 말했다.

"아차차! 제가 말씀을 안 드렸군요. 미션을 싹 완료했으니 언제든 벗을 수 있답니다. 자, 이제 도구를 벗어 저에게 돌려주시죠."

"포포 요원님, 수세미바람소리귀마개는 선물로 주시면 안 돼요?"

포포는 날개를 부리에 대고 '쉿!' 하는 시늉을 했다.

"공완두 어린이는 스스로 할 수 있습니다. 충분히!"

"잠깐만요! 도둑을 다 잡으면 상을 주신다고 했잖아요?"

"상은 받지 않았나요?"

"무슨 상요?"

"집중력 도둑을 모두 찾은 뒤로 친구들도 가족들도 완두에게 관심을 갖게 되지 않았나요?"

"잉? 그게 무슨 상이에요?"

"우리에게 가장 필요한 상 아닌가요? 친구들과도 가족들과도 모두 잘 지내게 되었으니까요."

포포 말이 맞았다. 친구들, 특히 박지아도 나를 짝으로 인정해 줬고, 가족들도 나한테 관심을 갖게 되었으니까.

"하지만 긴장을 늦추면 안 됩니다. 지금부터 저와 본격적인 집중력 훈련을 시작해 보겠습니다!"

"좋아요! 시작해 볼까요?"

포포의 집중력 연구실 8

스마트폰 사용, 스스로 조절할 수 있을까?

스마트폰은 이미 우리 사회, 우리 생활에 깊이 들어와 있습니다. 어른들은 스마트폰으로 은행 업무를 하거나 마트에서 장을 봅니다. 또 학교, 동 주민 센터나 정부에서도 스마트폰으로 인증한 문서를 사용하고요. 어린이 여러분들도 친구들과 소통하거나 쉴 때 스마트폰을 사용합니다.

그런데 어린이들이 스마트폰을 자주 사용해도 될까요? 절대 그렇지 않습니다. **스마트폰은 집중력 도둑들이 잔뜩 붙어 있는 악당 두목**과 같습니다. 스마트폰을 많이 본 아이들은 뇌 발달이 늦어진다는 연구 결과가 있습니다. 뇌의 기능이 약해져서 집중력이 떨어지고, 화를 참지 못하는 등 감정을 조절하는 능력도 떨어지게 됩니다.

여러분은 혹시 힘이 들어도 푹 빠져서 즐겁게 해 본 일이 있나요?
미국의 심리학자 칙센트미하이는 암벽을 오르는 사람들에게
힘들어도 계속 올라가는 까닭을 물어봤습니다.
그랬더니 암벽에 오르는 행동에 빠져 있는 그 상태,
그 흐름을 계속하기 위한 거라는 대답을 들었습니다.
예술가들이 하는 활동도 마찬가지입니다.
그림을 그리거나 곡을 만드는 활동에 강렬하게 빠져듭니다.
칙센트미하이는 **이렇게 어딘가에 빠져 있는 상태**를
'몰입'이라고 이름 붙였습니다. 몰입을 경험하려면 세 가지
조건이 필요합니다.

첫째, **목표**가 있어야 합니다.

둘째, 그 일이 **좋아하거나 의미 있는 일**이어야 합니다.

셋째, 도전할 정도로 **어렵지만 해낼 수 있는 일**이어야 합니다.

여러분은 집중력을 빼앗아 가는 스마트폰 말고,
힘들지만 오래 몰입하고 싶은 일이 있나요?
여러분께 하고 싶은 말은 바로 이것입니다.
여러분의 집중력을 훔쳐 가는 도둑이 누구인지 알고
집중력을 빼앗기지 않도록 노력하세요.
한 가지 일에 모든 것을 쏟아붓는 힘, 집중력!
여러분이 자신의 소중한 힘인 집중력을
쏟아부을 수 있는 의미 있는 일을 찾아
몰입의 기쁨을 느껴 보기를 바랍니다.

1 꿀잠 비법

우리 몸에도 시계가 들어 있다는 거 알고 있나요? 바로 생체 시계! 매일 생체 시계에 맞게 규칙적으로 잠을 자고 일어나면, 몸속 호흡, 소화, 순환을 담당하는 기관들이 건강하게 움직인답니다.

잠자기 전 할 일

- ☐ 세수 또는 샤워하기
- ☐ 치카치카, 양치질은 꼭!
- ☐ 잠옷 갈아입기
- ☐ 책가방 챙기기
- ☐ 쭉쭉 몸 펴는 체조하기
- ☐ 따뜻한 우유나 물 한 잔
- ☐ 가족들에게 인사하기

조명은 깜깜하게!

잠자리에 들기 전에는 불빛의 양을 줄이는 게 좋아. 조명의 색은 노랑이나 주황 계열이 좋고. 천장보다는 바닥에서 은은히 비추는 조명이 잠을 더 잘 오게 해.

몸을 덥지 않게!

잠자리 온도는 높지 않은 게 좋아. 잠들기 위해서는 체온이 낮아져야 하기 때문인데, 몸의 온도가 낮아지는 시간이 길수록 잠드는 시간도 길어져.

잠자리에서

몸에 힘을 빼고 눈을 감은 다음 내일을 그려 봐. 어려운 일도 척척 해내는 모습이나 10년 뒤 내 꿈을 이룬 모습을 떠올려 봐도 좋아! 그러다 보면 내가 원하는 모습대로 이루어질 거야!

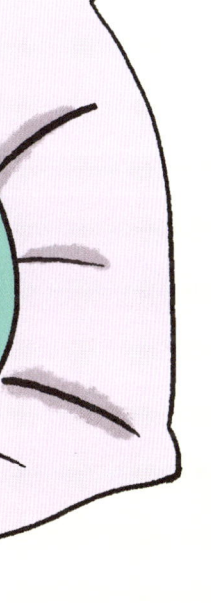

잠은 8~9시간 이상!

밤 9~10시에는 잠자리에 들기. 매일 규칙적으로 잠자리에 들고, 같은 시간에 일어나. 일어나서는 꼭 기지개를 쭉 펴. 그럼 키도 쑥쑥 자랄 거야.

주의!! 블루라이트 차단

컴퓨터 모니터나 스마트폰 등에서 나오는 파란색 빛인 블루라이트를 오래 쳐다보면 눈에 손상이 일어날 수 있어. 또 잠을 오게 하는 호르몬을 덜 나오게 해서 잠을 방해할 수 있으니까 자기 전에는 전자 기기를 안 보는 게 좋아.

2 스마트폰 휴가 보내기

 스마트폰은 아무 때나 알람을 보내 집중력을 떨어뜨려요.
그러니 집중해서 어떤 일을 하기 위해서는
잠시라도 스마트폰을 다른 곳에 놓아 두세요.
그러니까 스마트폰을 휴가 보내는 거죠. 다른 방이나 작은 상자도 좋습니다!

> 디지털 기기를 스스로 끄는 능력이야말로 어린이가 배워야 할 중요한 디지털 능력입니다.

스마트폰 안전 금고

시크릿박스, 스마트폰 감옥이라는 이름으로도 불리는 상자야. 스마트폰을 상자 안에 넣고, 시간을 맞춰 놓으면 그 전에는 열 수 없어. 스마트폰을 사용하는 시간 외에는 여기에 넣어 둬.

아날로그 시계

손목시계나 벽시계로 시간을 확인해! 그러면 스마트폰은 꺼낼 필요가 없지.

와이파이 연결 해제

스마트폰과 와이파이 연결을 끊어 봐. 그러면 스마트폰을 켰을 때 할 수 있는 게 별로 없을 거야.

비행기 모드

스마트폰을 이 상태로 해 놓으면 알람이나 메시지, 전화 등을 받을 수 없어서 방해받지 않을 수 있어.

방해금지 모드

이 모드를 켜 두면 다른 데서 전화가 오거나 알람이 울리는 것에 일일이 답을 하지 않아도 돼.

스마트폰과 따로 떨어져서 일정 시간 생활하면서 새로운 습관을 길러 보세요. 예를 들면, 수첩에 기억할 것을 적어 두기 또는 떠오르는 단어나 그림을 그려 보기 같은 거요. 친구와 얘기할 때는 '필담'도 해 보세요. 연습장에 묻고 싶은 것을 글씨로 써서 물어보고 글씨로 쓴 답을 받으면, 말로 할 때와는 또 다른 아기자기한 재미가 있답니다.

3 나만의 쉬는 시간 만들기

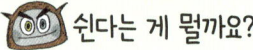 쉰다는 게 뭘까요?
소파에서 스마트폰 보는 거라고 생각하는 건 아니겠죠?
휴식이란 하던 일을 멈춘 상태입니다.
아무 행동도 하지 않는 상태, 산에 올라가던 사람이 잠시
나무 그루터기에 앉아서 땀을 식히는 그런 때를 말하는 것이랍니다.

40분 집중하고 5~15분 쉬기

한 자세로 가만히 있으면 피로를
금방 느껴. 그럴 때 바닥에 가만히 누워
휴식을 취하면 효과가 좋아.
쉴 때는 내 몸 구석구석이 같이
쉬게 해 줘. 손가락, 발가락, 눈동자나
콧구멍까지도 편안하게 해.

귀 쓰다듬기

귀는 우리 몸 곳곳의 신경과
연결되어 있어. 그래서 마사지를
해서 몸에 피가 돌게 도와주면,
집중력 향상에 도움이 돼.

매일 운동 시간을 정하기

땀을 내는 운동은 아니더라도 하루 아무 때나 정해 놓고
체조, 스트레칭, 요가처럼 몸을 쭉 펴고 호흡을 가다듬는
운동을 하면 좋아. 특히 요가에는 비둘기 자세,
고양이 자세, 개 자세, 코브라 자세 등 동물을 흉내 내는
재미있는 동작들이 있으니 따라 해 봐!

어떤 운동을 가장 좋아하는지 골라 봐.

 **일주일에 세 번 땀 날 정도로 운동하기**
☐ 태권도 ☐ 달리기 ☐ 자전거 ☐ 야구
☐ 축구   ☐ 농구   ☐ 기타(   )

녹색 식물 보기

식물은 보기만 해도 뇌의 긴장이 풀리고 안정되었을 때 뇌에서 나오는 알파파가 증가해. 스킨답서스, 스파티필룸, 고무나무처럼 공기를 깨끗하게 해 주는 식물을 놓아 두면 좋아.

 **딴생각하기**

바닷물에서 튜브를 타듯이 이런저런 생각들을 떠올려 보는 것도 좋아. 이때 떠오른 생각들을 공책이나 수첩에 써 놓는 것은 더 좋지. 그러다 보면 창의적인 사람이 될 수 있어.

4 건강하게 밥 먹기

집중력을 키우려면 가공을 잔뜩 한 식품보다
산과 들과 바다에서 온 신선하고 영양가 있는 음식을 먹는 게 좋아요.
그럼 우리 뇌는 잘 발달하고, 몸은 튼튼해지고, 마음은 행복해집니다.
가공식품, 설탕, 밀가루, 탄산음료는 집중력에 아주 해로워요.
게다가 비만이나 당뇨 같은 질병의 원인이 되기도 하죠.
특히 뇌 건강을 살리는 좋은 음식을 소개할게요.

요렇게 먹으면 집중력 왕!

☐ 고등어, 꽁치, 삼치 같은 등 푸른 생선을 일주일에 한 번 이상 먹어.
☐ 땅콩, 아몬드, 호두 등 견과류를 간식으로 일주일에 세 번 이상 먹어.
☐ 물을 자주 마시는 게 좋아.
☐ 된장찌개, 요구르트, 치즈, 김치 같은 발효 음식을 자주 먹어.
☐ 고기를 먹을 땐 상추, 오이와 같이 꼭꼭 씹어 먹어.
☐ 간식으로 구운 계란, 건포도, 고구마, 옥수수를 우유와 먹어.
☐ 아침은 꼭 먹어! 자기 전 3시간 전에는 군것질을 하지 않아.
☐ 치킨, 피자, 햄버거 같은 패스트푸드는 비만을 일으켜서 좋지 않아.
☐ 라면이나 시리얼 같은 가공식품은 되도록 안 먹어.

고등어, 꽁치, 시금치, 호두, 견과류

뇌에 좋은 필수 지방산인 오메가3이 많이 들어 있어.

달걀, 콩, 조개

세포막을 만드는 인지질이 많이 들어서 기억력을 높일 수 있어.

버섯, 콩, 현미, 통밀빵

우리 뇌의 에너지원은 포도당이야. 포도당으로 천천히 분해되는 좋은 탄수화물을 적당히 먹으면 집중력이 향상될 거야.

소고기, 돼지고기, 닭고기, 두부, 아몬드

단백질은 우리 몸속에서 아미노산으로 분해되는데 아미노산은 신경 전달 물질을 만들어. 신경 전달 물질은 신경 세포가 서로 소통하는 데 중요한 역할을 해.

5 스트레스 날려 버리기

 스트레스를 받으면 어떻게 해야 할까요? 먼저 '아, 내가 스트레스를 받는구나!' 하고 알아주고, 내 마음이 쉴 수 있게 해 주어야 합니다. 스트레스가 되는 일을 잠시 잊고 다른 걸 하는 것도 좋습니다. 신나게 놀고 나면, 우리 두뇌가 팽글팽글 잘 돌아가면서 공부를 더 잘하게 된다는 사실!

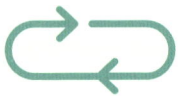

나만의 습관 만들기
세수, 족욕, 물 마시기, 창문 열기 등 운동 선수가 규칙적으로 체조하듯 나만의 충전 습관을 만들어.

긍정적으로 받아들이기
시험이나 큰 대회에 나가기 전 긴장이 너무 되면 스스로에게 말해 봐. "난 대회 체질이야.", "난 실전에 강해." 적당한 긴장감이 자신감과 집중력을 더 높여 줄 거야.

버터플라이 허그
"괜찮아, 잘될 거야!" 양팔을 교차해서 두 손으로 나 자신을 잘했다고 토닥여 줘.

심호흡
5초 동안 들이마시고 3초 멈췄다가 8초 동안 내쉬어. 그럼 뇌로 산소를 보내 줄 수 있어.

명상을 하면 마음속에 스트레스를 견딜 수 있는 공간이 생깁니다.
여러 방법으로 명상을 해 보세요.
누군가에게 내 마음을 털어놓는 것도 스트레스를 푸는 데 도움이 되죠.
일기장이라는 친구도 있다는 걸 잊지 마세요.
시간이 지난 뒤에 읽어 보면 조금 더 자란 내가 그 마음을 알아주고,
어떻게 하면 좋을지도 말해 줄 거예요.

명상하기
조용한 곳에 앉아서 눈을 감고 천천히 심호흡을 해 봐.
그림을 그리거나 음악 듣기, 산책을 하는 것도 명상에 포함돼.

6 목표 정하기

 "앞으로 이런 사람이 되고 싶다.", "살면서 이런 일을 해 보고 싶다." 이런 생각을 해 본 적 있나요? 마음속에 꿈을 품으면, 힘들 때나 고민될 때 "아, 내 꿈이 그거였지? 내 목표는 그거였지?" 하고 생각하면서 무엇을 해야 할지 더 잘 생각해 낼 수 있습니다. 햇빛같이 따뜻한 꿈, 별빛같이 빛나는 나만의 목표를 가져 보세요.

집중력을 높이는 할 일 목록 만들기 꿀팁

1. **뭔가 하기 전에 걸리는 시간과 언제 시작했는지를 써.**
   그럼 빨리 끝낼 수 있는 일은 틈새 시간을 활용할 수 있어.
   예) 그림일기 30분(시작 시간 : 8시 20분)

2. **먼 곳의 목표보다 지금 내 눈앞에 있는 작은 일에 집중해.**
   하루아침에 화가가 될 수는 없지만, 오늘 그림 한 장을 그릴 수는 있지.
   예) 국어 문제집 4장 풀기, 수학 익힘책 121~128쪽 예습

3. **목표를 짤 때는 최종 목표/상위 목표/하위 목표를 나눠서 생각하고 정해.**

4. **잘 보이는 곳에 붙여 놓아.**
   해야 할 일, 목표, 계획 같은 걸 책상 앞에 붙여서 늘 보이게 해.

5. **가족과 친구들에게 당당히 무언가를 하겠다고 선언해.**
   "내일 아침에는 7시에 일어날 거야!"
   "난 줄넘기 100개를 해낼 거야!"
   "난 커서 우주 비행사가 될 거야!"

6. **매일 아침, 잠자리에서 일어나면 오늘 할 일과 하루를 어떻게 보낼지 등을 떠올려 봐.**

내 꿈을 알아내는 방법을 알려 드리겠습니다.

1. 먼저 연습장에 작은 동그라미를 그려요. 거기에 내가 하고 싶은 일을 써요.

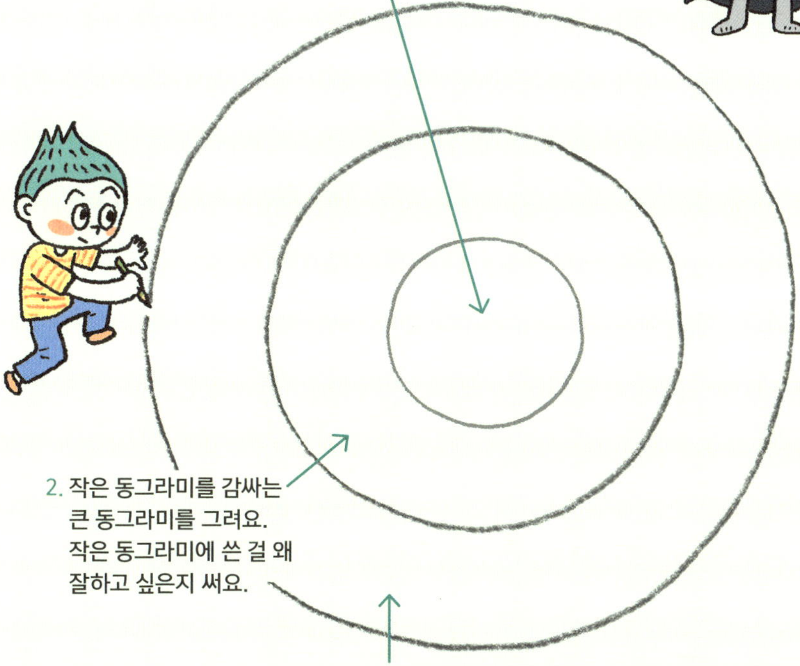

2. 작은 동그라미를 감싸는 큰 동그라미를 그려요. 작은 동그라미에 쓴 걸 왜 잘하고 싶은지 써요.

3. 두 동그라미를 감싸는 가장 큰 동그라미를 그려요. 그리고 나는 어떤 사람이 되고 싶은지 써요.

7 집중력 훈련 놀이

놀면서도 집중력을 높이는 훈련을 할 수 있다는 사실!
뇌를 자극하거나 관찰력과 주의력이 필요한 게임은 문제를 해결하면서
집중력도 훈련할 수 있죠! 가장 가까이 있고 효과적인
집중력 훈련 방법은 무엇일까요?
바로 책 읽기, 독서입니다! 독서는 가장 단순하고 흔하고 쉬운 몰입 방법입니다.
책을 읽다 보면 새로운 사람들을 만나고 세계를 여행하고
세상과 인생에 대해 생각을 할 수 있습니다. 거기에 집중력 향상은 덤!

두뇌 자극 놀이

퍼즐 맞추기나 미로 찾기,
숨은그림찾기를 하다 보면 기억력과
문제 해결 능력을 향상시키면서
집중력을 길러 줘.

신체 활동 놀이

몸을 움직이는 것만으로도
집중력을 키울 수 있어. 숨바꼭질이나
고무줄놀이뿐만 아니라 한 발로
서는 균형 잡기 놀이도 좋아.

역할극 놀이

병원놀이나 소방관놀이 등 하나를
정한 뒤 각자 역할을 맡고 그 역할
에 몰입해서 연기를 하다 보면
어느새 집중력을 유지하는 시간이
길어질 거야.

규칙 기반 놀이

규칙을 외우고 규칙에 맞게 행동을
하려면 집중력이 필요해.
카드 짝 맞추기 게임부터 루미큐브나
부루마불 같은 보드게임도 아주 좋아!

작가의 말

집중력이라는 힘을 키워 가는 멋진 친구들에게

　세계적인 피아니스트의 연주를 본 적이 있나요? 연주를 시작하기 전, 피아노 앞에서 두 눈을 지그시 감고 잠시 숨을 고릅니다. 올림픽에서 수영 경기를 본 적도 있지요? 출발대에 올라가기 전, 선수들은 음악을 듣거나 몸을 풀며 가만히 생각에 잠기곤 하지요. 중요한 연주나 시합을 앞두고 왜 이런 행동을 할까요? 이 책을 읽은 친구들이라면 알고 있겠죠? 바로 집중력을 모으고 있는 거예요. 어떤 일이든 잘 해내고 싶다면 가장 필요한 것이 바로 집중력, 한 가지 일에 온 마음과 주의를 집중하는 힘이랍니다.

　요즘은 이 책의 주인공 완두처럼 집중력을 잃어버린 친구들이 많아요. 스마트폰으로 짧은 영상이나 웹툰을 보고, 게임도 하고, 학교 숙제나 학원 공부까지 이것저것 하다 보면 하루가 정신없이 지나가요. 그러다 보니 어느 한 가지에 집중할 시간이 부족하죠. 밥을 먹는 것도, 푹 자는 것도 소홀히 해요. 몸과 마음이 건강하게 쑥쑥 자라기 위해서는 밥과 잠이 정말 중요한데 말이에요.

그래도 걱정하지 마세요! 이 책을 읽으면 '집중력을 훔쳐 가는 도둑들'을 물리치고, 집중력을 키우는 비법을 알 수 있으니까요. 비밀 요원 포포가 알려 준 방법을 실천하다 보면, 여러분의 집중력은 별빛처럼, 햇살처럼 점점 환하고 강해질 거예요. 마음을 고요하게 가다듬고, 내가 좋아하는 일을 찾아 최선을 다해 보세요. 불안해하거나 갈팡질팡할 필요는 없어요. 나무들이 하늘로 곧게 뻗듯이, 나에게 소중한 한 가지 일을 찾아 몰입의 기쁨을 느껴 보세요.

집중력을 기르기 위해 노력하는 멋진 여러분에게 아낌없는 박수를 보냅니다.

2025년 6월,
푸르른 여름 나무를 기다리며
윤선아

149쪽 미로 찾기 답